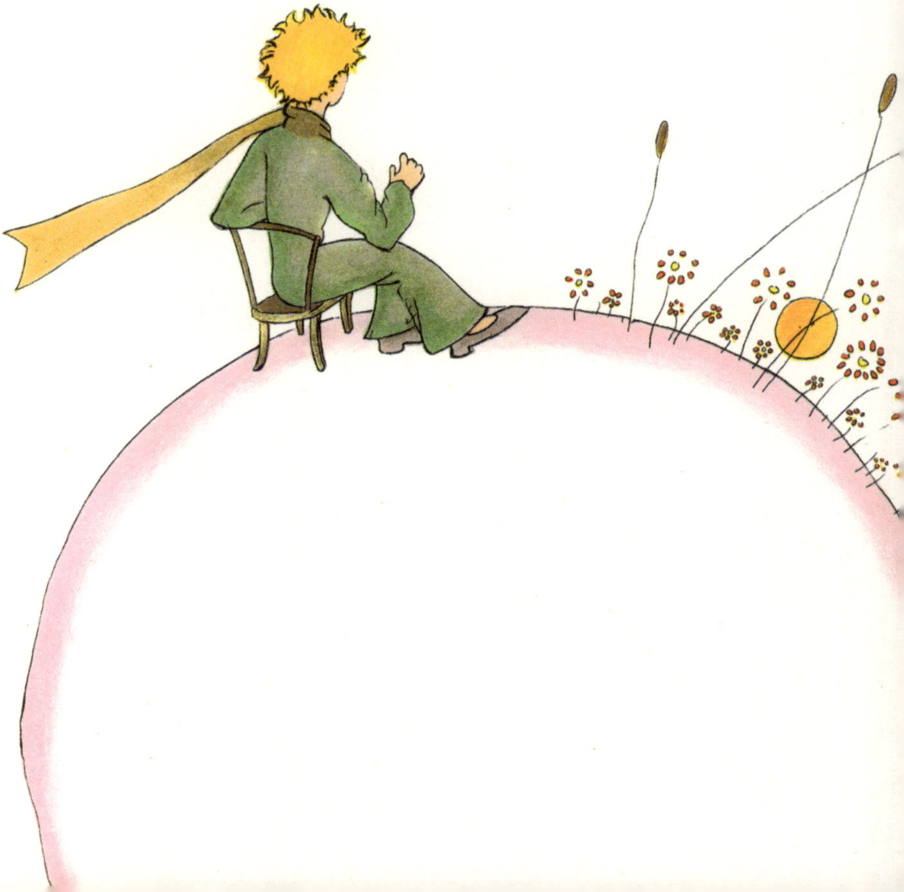

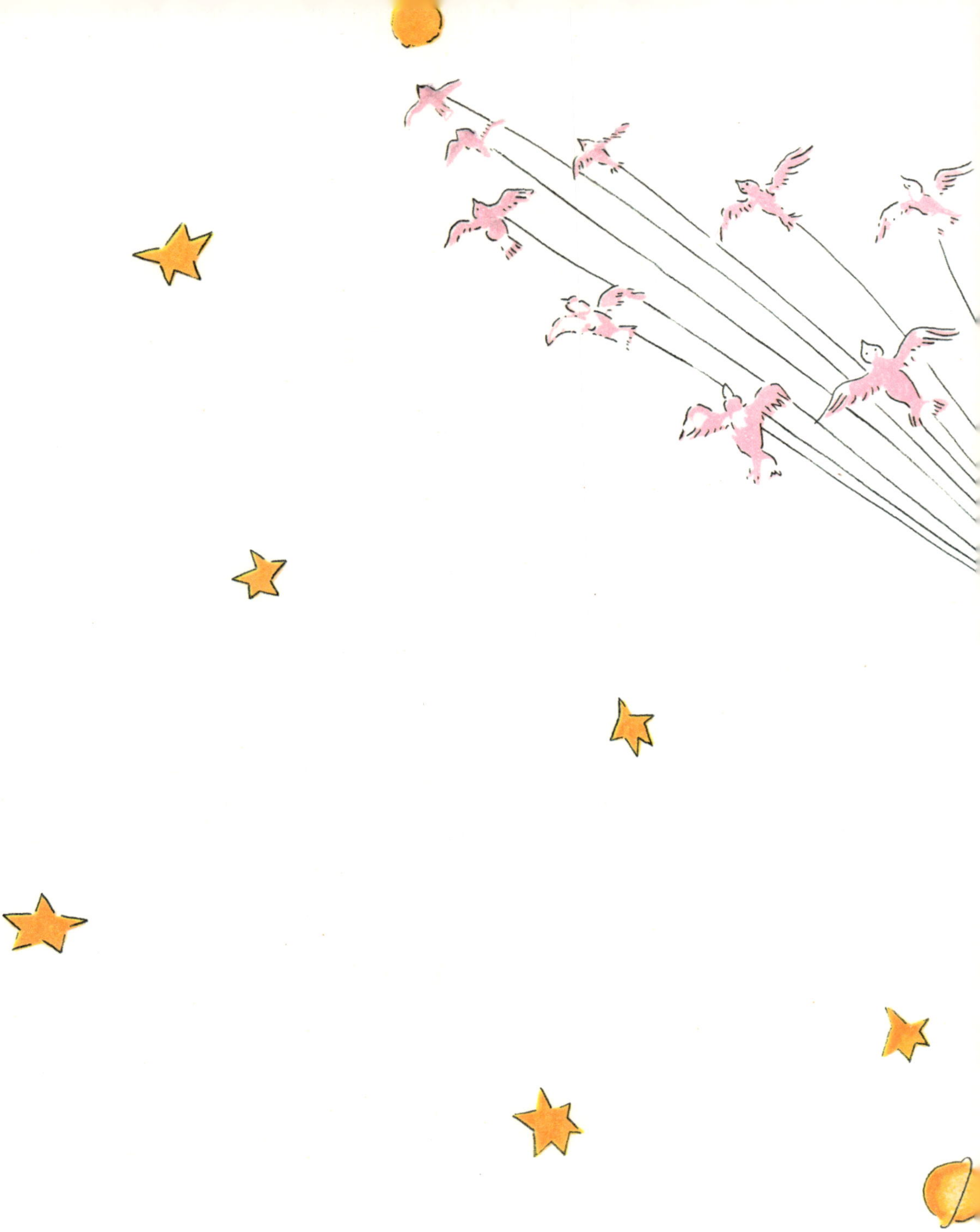

Antoine de Saint-Exupéry

Der kleine Prinz

Nacherzählt von Svenja Nick

mit Illustrationen
des Autors

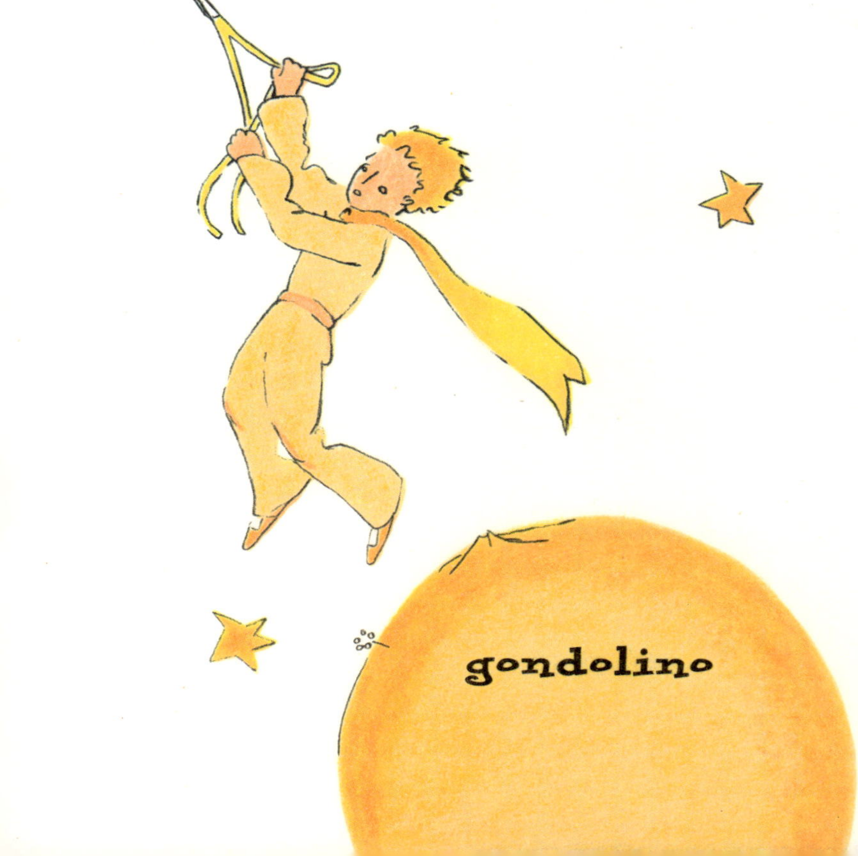

Warum ich Pilot geworden bin

Als ich sechs Jahre alt war, sah ich einmal in einem Buch über den Urwald ein wunderschönes Bild. Es zeigte eine Riesenschlange, die gerade ein Tier verspeiste. Das sah ungefähr so aus:

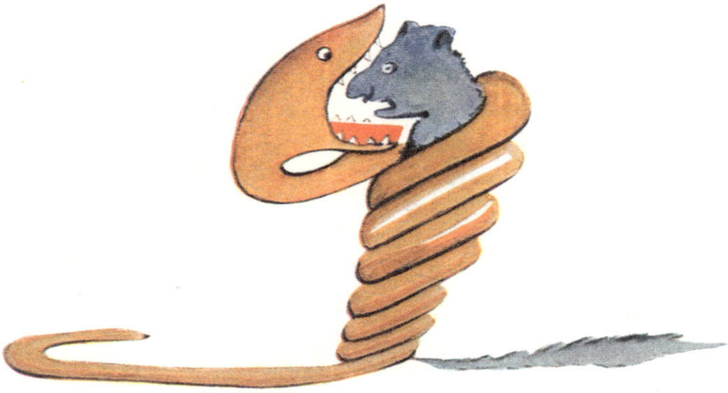

In dem Buch stand, dass Riesenschlangen ihre Beute nicht kauen, sondern als Ganzes herunterschlucken. Danach können sie sich nicht mehr rühren und schlafen sechs Monate lang, um zu verdauen.

Ich habe mir damals viele Gedanken gemacht über den Dschungel und über die Riesenschlangen. Dann habe ich mit einem Buntstift mein erstes Bild gemalt. Bild Nummer 1.

So sah es aus:

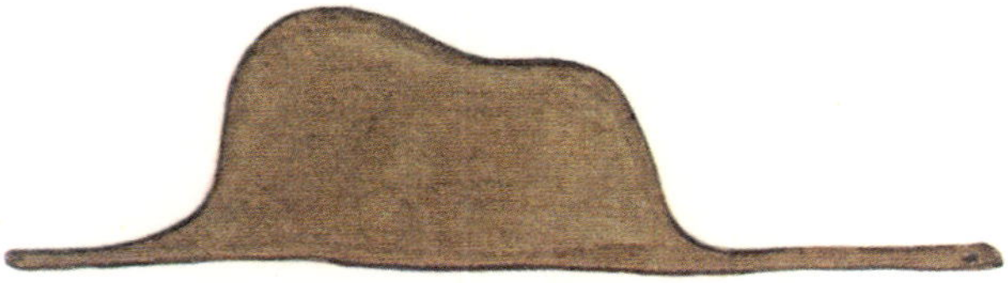

Ich zeigte mein Meisterwerk den Erwachsenen und fragte sie, ob es ihnen Angst machte. Aber sie sagten bloß: „Warum sollten wir denn vor einem Hut Angst haben?“ Dabei war auf meinem Bild gar kein Hut zu sehen, sondern eine Riesenschlange. Sie war in der Mitte ganz dick, weil sie gerade einen Elefanten verdaute. Also habe ich auch noch das Innere der Riesenschlange gezeichnet, damit die Erwachsenen es verstanden. Sie brauchen ja immer Erklärungen. Mein Bild Nummer 2 sah so aus:

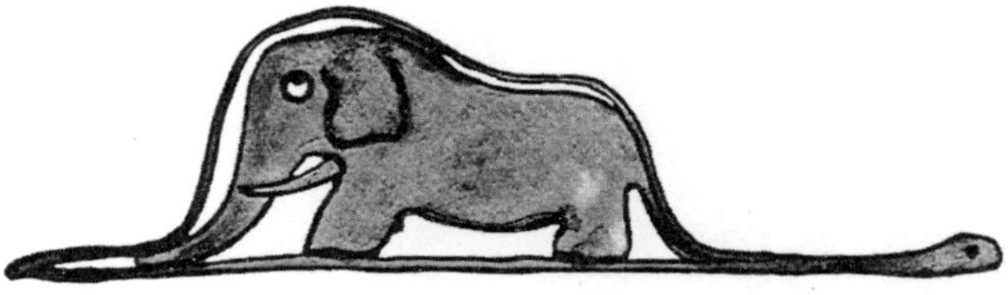

Aber die Erwachsenen verstanden es immer noch nicht und sagten, ich sollte mich lieber mit vernünftigen Dingen beschäftigen statt mit dem Zeichnen von offenen und geschlossenen Riesenschlangen. Nach diesem Reinfall hatte ich keine Lust mehr, Bilder zu malen. Die Erwachsenen verstehen nie etwas von selbst, und es ist sehr anstrengend, ihnen immer wieder alles erklären zu müssen.

Ich beschäftigte mich also mit vernünftigen Dingen und wurde Pilot. Mit dem Flugzeug bin ich überall auf der Welt herumgekommen. Dabei habe ich eine Menge vernünftige Leute kennengelernt, die sich mit wichtigen Dingen beschäftigten. Das hat meine

Meinung von den Erwachsenen aber nicht verbessert. Ab und zu war einer dabei, der mir ein bisschen pfiffiger vorkam als die anderen. Dann machte ich einen Test und zeigte ihm mein Bild Nummer 1. Stets kam die Antwort: „Das ist ein Hut." Also unterhielt ich mich mit ihm nicht über Riesenschlangen, den Urwald oder die Sterne, sondern nur über Golf, Politik oder Krawatten. Und der Erwachsene war froh, einen so vernünftigen Menschen getroffen zu haben.

Wie ich den kleinen Prinzen kennenlernte

Ich hatte also niemanden, mit dem ich wirklich reden konnte, bis ich vor sechs Jahren mitten in der Wüste Sahara mit meinem Flugzeug eine Panne hatte. An meinem Motor war etwas kaputtgegangen und ich musste notlanden. Weil ich keinen Mechaniker dabeihatte, machte ich mich ganz allein an die schwierige Reparatur. Mein Trinkwasser reichte nur für acht Tage. Es ging um Leben und Tod.

So schlief ich die erste Nacht im Sand, tausend Meilen von jedem bewohnten Ort entfernt, einsamer als jeder Schiffbrüchige auf dem Ozean. Ihr könnt euch denken, wie überrascht ich war, als mich am nächsten Morgen eine leise Stimme weckte: „Bitte ... mal mir ein Schaf." Wie der Blitz sprang ich auf und rieb mir die Augen. Vor mir stand ein merkwürdiger kleiner Kerl, der mich mit ernster Miene musterte. Später habe ich versucht, ihn zu zeichnen, aber ich fürchte, es ist mir nicht besonders gut gelungen. Ich kann nichts dafür. Ich hatte ja schon im Alter von sechs Jahren mit dem Zeichnen aufgehört und konnte nur offene und geschlossene Riesenschlangen. Das hier ist also das beste Portrait von ihm, das ich zustande brachte.

Ich starrte diese merkwürdige Erscheinung mit weit aufgerissenen Augen an. Der kleine Kerl schien weder hungrig noch durstig zu sein und er hatte auch keine Angst. Er wirkte überhaupt nicht

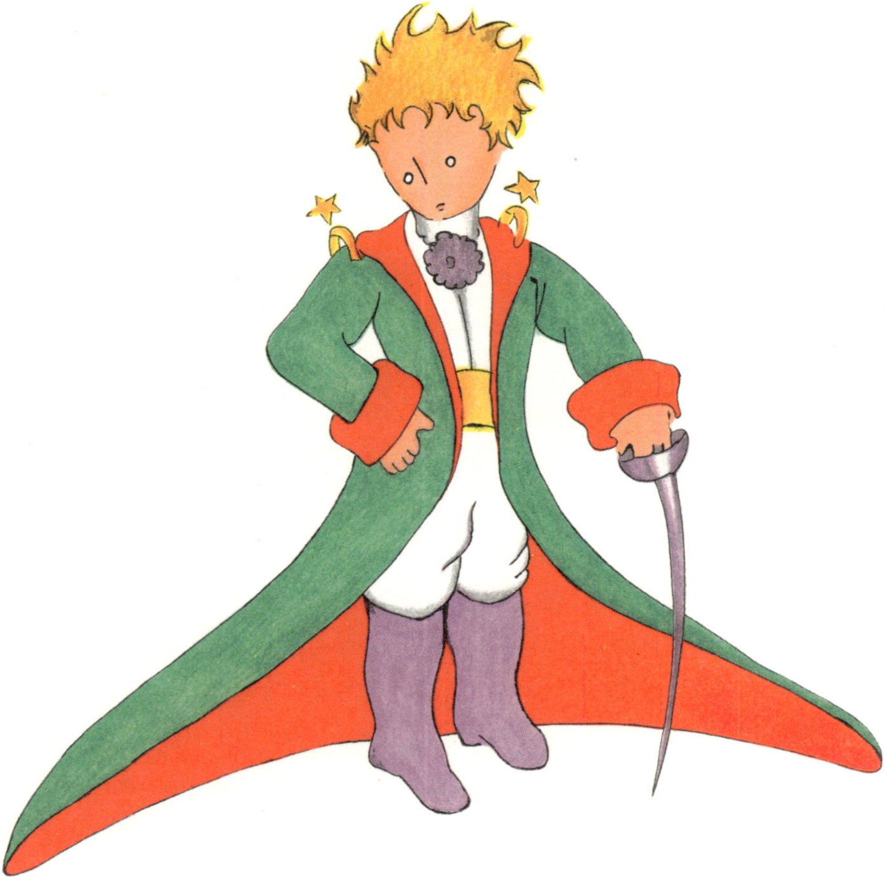

wie ein Kind, das sich mitten in der Wüste verlaufen hat. Wie war er bloß hierhergekommen? Als ich endlich die Sprache wiederfand, fragte ich ihn: „Was machst du denn hier?" Da wiederholte er, ganz sanft, als ob es sich um eine sehr ernste Sache handelte: „Bitte … mal mir ein Schaf." Ich erklärte ihm, dass ich nicht malen könne. Er antwortete: „Das macht nichts. Mal mir ein Schaf."

Weil ich noch nie ein Schaf versucht hatte, malte ich für ihn eines der beiden Bilder, die ich konnte: Die geschlossene Riesenschlange. Ich staunte nicht schlecht, als der kleine Kerl daraufhin sagte: „Nein, nein, ich will keinen Elefanten in einer Riesenschlange. Eine Riesenschlange ist zu gefährlich und ein Elefant nimmt zu viel Platz weg. Bei mir zu Hause ist es ziemlich eng. Ich brauche ein Schaf. Mal mir ein Schaf."

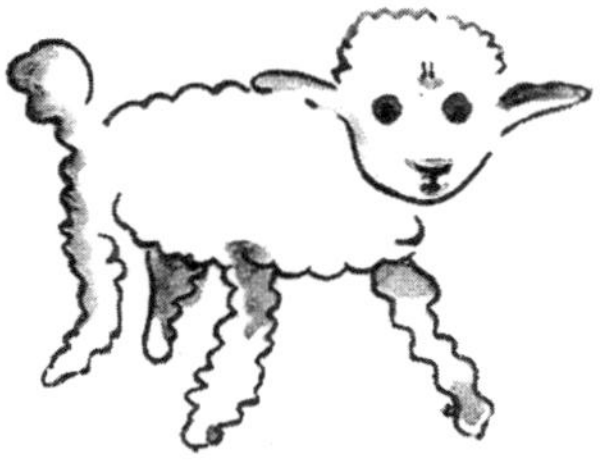

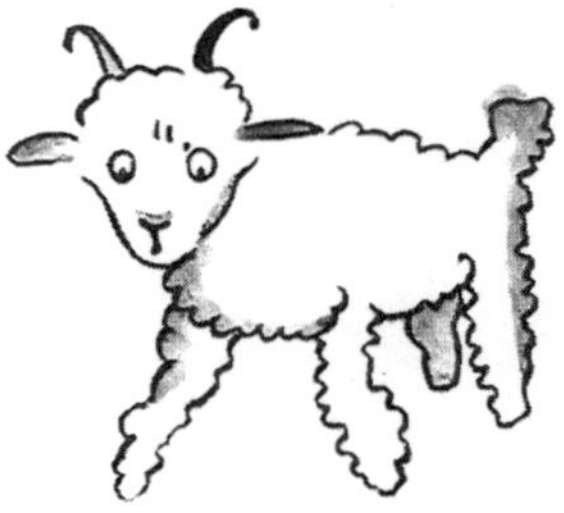

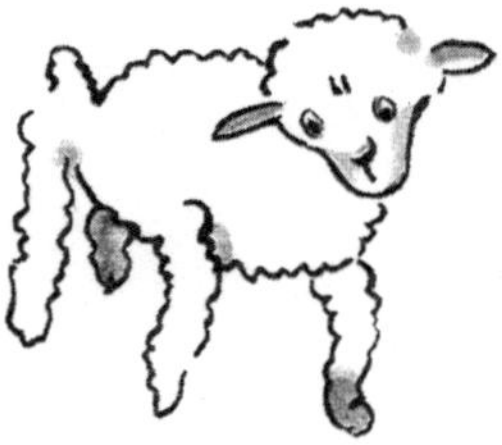

Also malte ich.

Aber mein erstes Schaf sah ihm zu krank aus. Mein zweites Schaf, fand er, sah aus wie ein Widder. Und mein drittes Schaf war ihm zu alt. Ich verlor die Geduld, denn ich musste dringend meinen Motor reparieren, also kritzelte ich das hier und knurrte:

„Das ist eine Kiste. Und dein Schaf ist da drin."

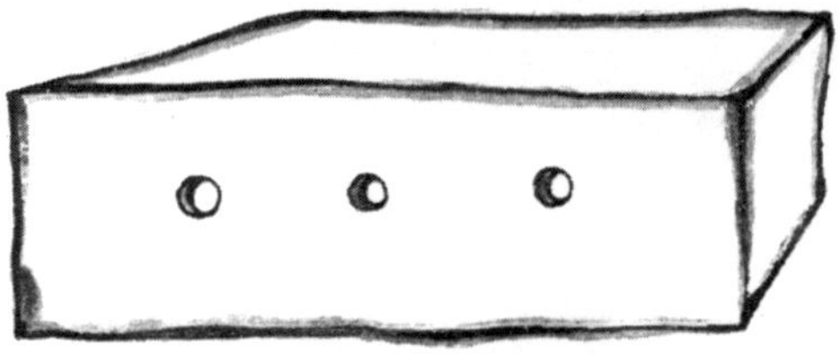

Da strahlte er und sagte: „Das ist genau das, was ich wollte! Ob dieses Schaf wohl viel Gras braucht? Ich habe so wenig Platz …"

„Es wird schon reichen", beruhigte ich ihn. „Ich habe dir ein ganz kleines Schaf gemalt." Er beugte den Kopf über die Zeichnung und sagte: „So klein ist es nun auch wieder nicht … Guck mal! Jetzt ist es eingeschlafen!"

So lernte ich den kleinen Prinzen kennen.

Wie ich erfuhr, wo der kleine Prinz herkam

Der kleine Prinz stellte mir viele Fragen, aber meine Fragen schien er nie zu hören. Deshalb dauerte es eine Weile, bis ich herausfand, wo er herkam. Aus zufälligen Bemerkungen musste ich mir nach und nach alles zusammenreimen. Als er zum ersten Mal mein Flugzeug erblickte, fragte er zum Beispiel: „Was ist denn das da für ein Ding?"

„Das ist kein Ding", sagte ich stolz. „Das ist mein Flugzeug. Ich kann nämlich fliegen."

Da rief er: „Was? Du bist vom Himmel gefallen? Das ist ja lustig!" Er bekam einen kleinen Lachanfall, über den ich mich sehr ärgerte. Mein Unfall war schließlich eine ernste Sache. Dann fuhr er fort: „Also kommst du auch vom Himmel! Von welchem Planeten bist du denn?" Da ging mir ein Licht auf und schnell fragte ich: „Du kommst von einem anderen Planeten?" Aber er antwortete nicht. Er starrte nur kopfschüttelnd auf mein Flugzeug und murmelte: „Ja, mit dem Ding kommt man wohl nicht sehr weit …"

Ihr könnt euch vorstellen, wie sehr mich diese Bemerkung von dem „anderen Planeten" beunruhigte. Ich musste unbedingt mehr darüber erfahren. Also fragte ich den kleinen Prinzen, wohin er sein Schaf denn mitnehmen wolle. Er dachte lange nach und sagte dann: „Diese Kiste da, die du mir gegeben hast … das Gute daran ist, dass sie ihm nachts als Haus dienen kann."

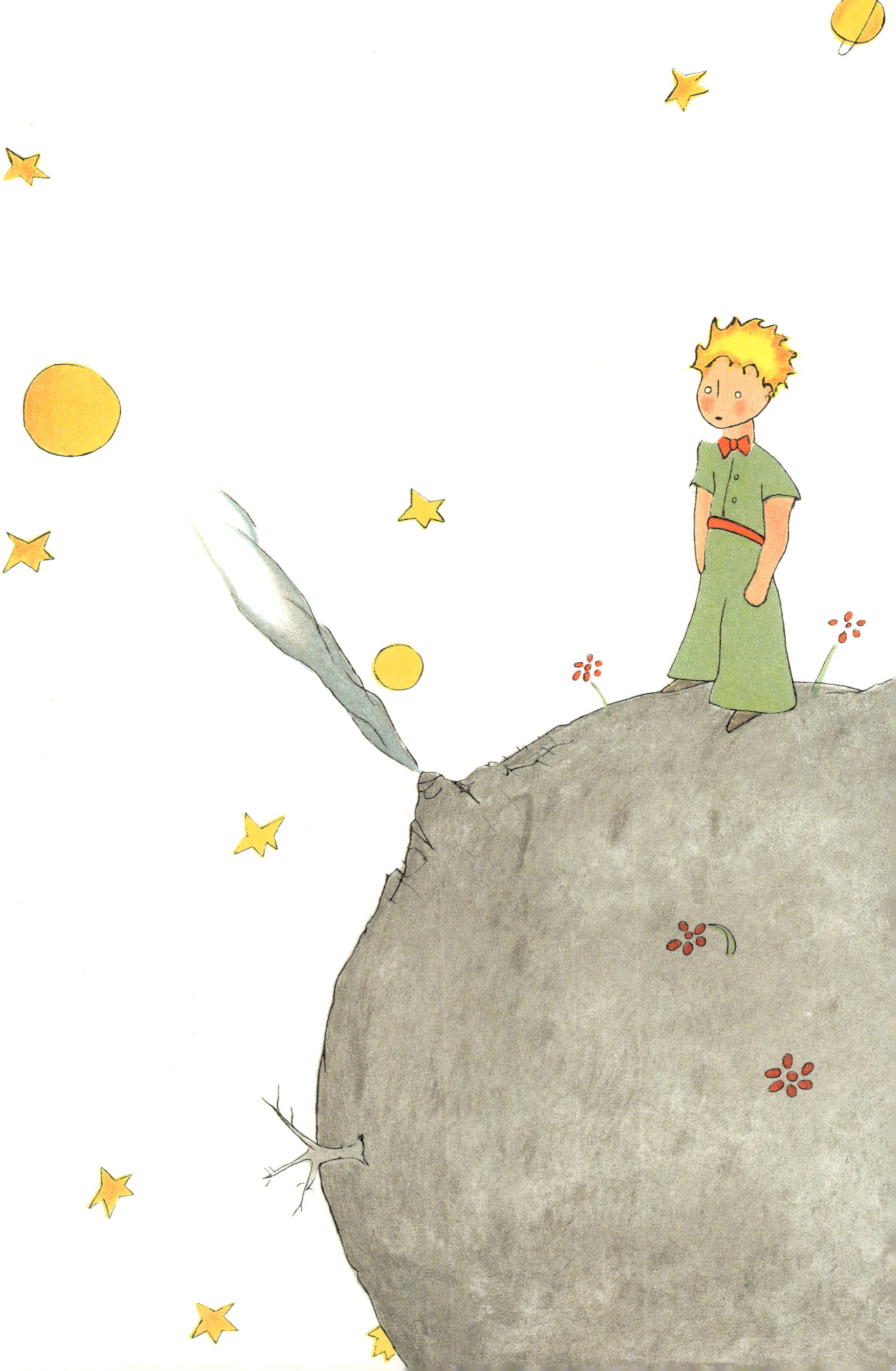

„Ganz bestimmt“, antwortete ich. „Und vielleicht gebe ich dir auch einen Strick und einen Pflock, damit dein Schaf nicht weglaufen kann.“

Der kleine Prinz fing wieder an zu lachen und sagte: „Aber wo soll es denn hinlaufen?“

„Na, irgendwohin. Geradeaus ...“

Da sagte der kleine Prinz ernst und ein bisschen traurig: „Geradeaus kann man bei mir nicht sehr weit gehen.“

Der Planet, auf dem der kleine Prinz lebte, war also kaum größer als ein Haus! Das wunderte mich nicht. Ich wusste ja, dass es neben den großen Planeten wie der Erde, Jupiter, Mars und Venus noch Hunderte von anderen Planeten gibt, die so klein sind, dass man sie selbst durch ein Fernrohr kaum erkennen kann. Wenn ein Astronom so einen Planeten entdeckt, gibt er ihm bloß eine Nummer. Er nennt ihn zum Beispiel „Asteroid 325“. Und ich bin ziemlich sicher,

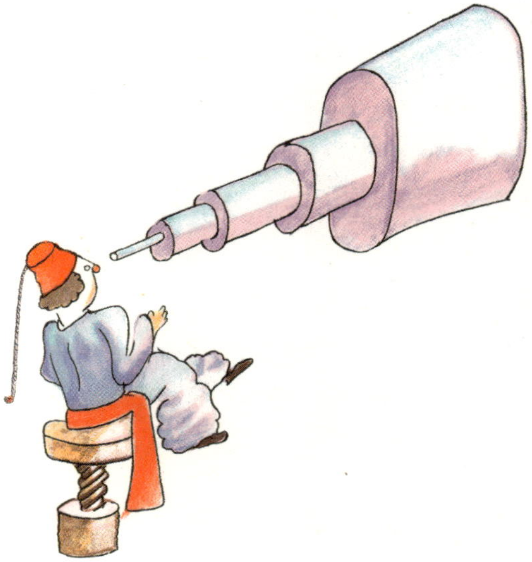

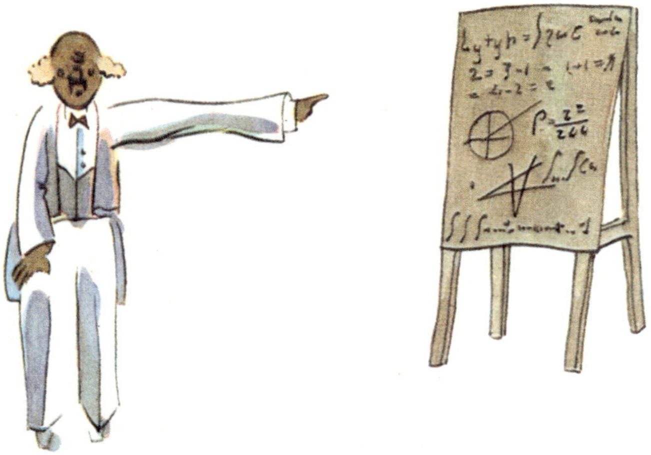

dass der Heimatplanet des kleinen Prinzen der Asteroid B612 ist, der nur ein einziges Mal im Jahr 1909 in einem Fernrohr gesichtet worden ist.

Natürlich ist es völlig unwichtig, welche Nummer der Planet hat, und ich erwähne das auch nur wegen der Erwachsenen. Die Erwachsenen mögen Zahlen. Wenn ihr ihnen von einem neuen Freund erzählt, dann erkundigen sie sich nie nach den wirklich wichtigen Dingen. Sie wollen zum Beispiel nicht wissen, wie seine Stimme klingt und welche Spiele er am liebsten spielt. Sondern sie fragen: „Wie alt ist er? Wie viele Geschwister hat er? Wie viel verdient sein Vater?"

Wenn man ihnen also erzählt, dass der kleine Prinz ganz entzückend lachen kann und dass er sich ein Schaf wünschte, dann zucken sie bloß mit den Achseln. Aber wenn man ihnen sagt, dass er auf dem Asteroiden Nummer B 612 wohnt, dann glauben sie sofort, dass es ihn wirklich gibt. So sind sie nun mal. Wer etwas von den wirklich wichtigen Dingen im Leben versteht, der braucht natürlich keine Zahlen als Beweis dafür, dass es etwas tatsächlich gibt. Wenn ich meine Geschichte so erzählen würde, wie man ein Märchen erzählt, klänge sie dann nicht gleich viel wahrer? „Es war einmal ein kleiner Prinz, der wohnte auf einem Planeten, der kaum größer war als er selbst, und er brauchte einen Freund …" Glaubt ihr mir jetzt? Ich möchte nämlich, dass ihr meine Geschichte ernst nehmt. Es fällt mir schwer, euch von diesen Erinnerungen an meinen Freund, dem kleinen Prinzen, zu berichten. Ich tue es, um ihn nicht zu vergessen. Es ist traurig, einen Freund zu vergessen, und nicht jeder hat einen Freund.

Damit ich nicht werde wie die Erwachsenen, habe ich mir sogar noch einmal einen Farbkasten und Buntstifte gekauft. Aber es ist schwierig, in meinem Alter wieder mit dem Zeichnen anzufangen, wenn man seit seinem sechsten Lebensjahr nie etwas anderes gemalt hat als offene und geschlossene Riesenschlangen. Bitte seid nachsichtig mit mir, wenn meine Bilder hier und da nicht so ganz stimmen. Mein Freund hat mir ja nie irgendetwas erklärt. Er glaubte wohl, ich sei wie er. Aber leider kann ich keine Schafe mehr durch Kistenbretter hindurch erkennen, so wie er. Ich bin wohl doch schon ein bisschen wie die Erwachsenen geworden.

Warum die Affenbrotbäume so gefährlich sind

Am dritten Tag erfuhr ich etwas über die Affenbrotbäume auf dem Planeten des kleinen Prinzen.

„Ist es wirklich wahr, dass Schafe Sträucher fressen?", fragte er mich voller Zweifel.

„Ja, das ist wahr."

„Dann fressen sie also auch Affenbrotbäume?"

Ich erklärte dem kleinen Prinzen, dass Affenbrotbäume keine Sträucher seien, sondern riesige Bäume, mit denen selbst eine Herde Elefanten nicht fertigwerden würde. Das brachte ihn zum Lachen.

„Man müsste die einen über die anderen stellen …"

„Bevor sie groß werden, sind sie doch erst mal klein", sagte er klug.

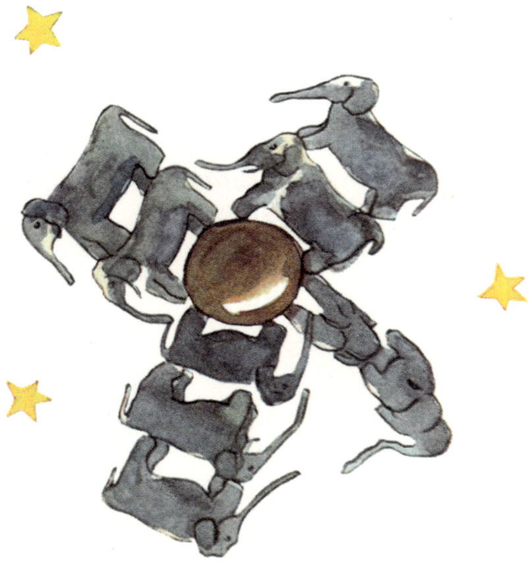

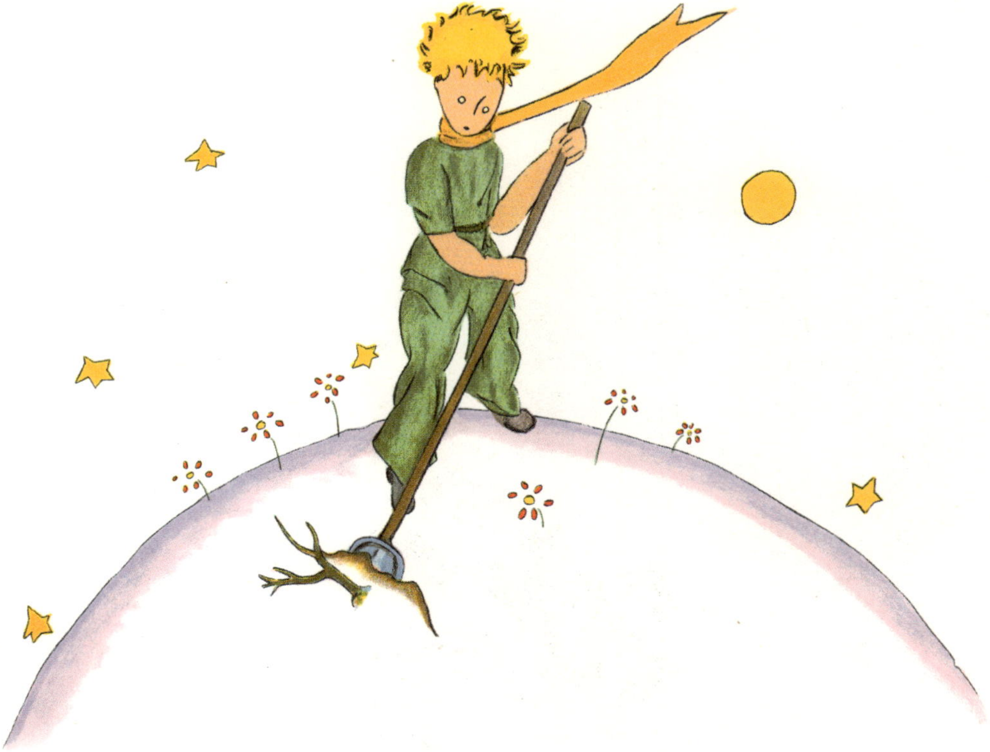

„Das stimmt schon. Aber warum willst du, dass dein Schaf kleine Affenbrotbäume frisst?" Er antwortete nicht. Später fand ich heraus, dass es auf dem Planeten des kleinen Prinzen sehr viele Affenbrotbäume gab. Unsichtbar schlummerten ihre Samen in der Erde, bis sie aufwachten und einen winzigen Spross in Richtung Sonne wachsen ließen. Solange er klein ist, ist ein Affenbrotbaum noch ganz harmlos. Aber wenn man ihn wachsen lässt, wird man ihn nie wieder los. Er breitet sich immer weiter aus, seine Wurzeln durchbohren den ganzen Planeten, und wenn der Planet sehr klein ist und es zu viele Affenbrotbäume gibt, dann sprengen sie ihn schließlich.

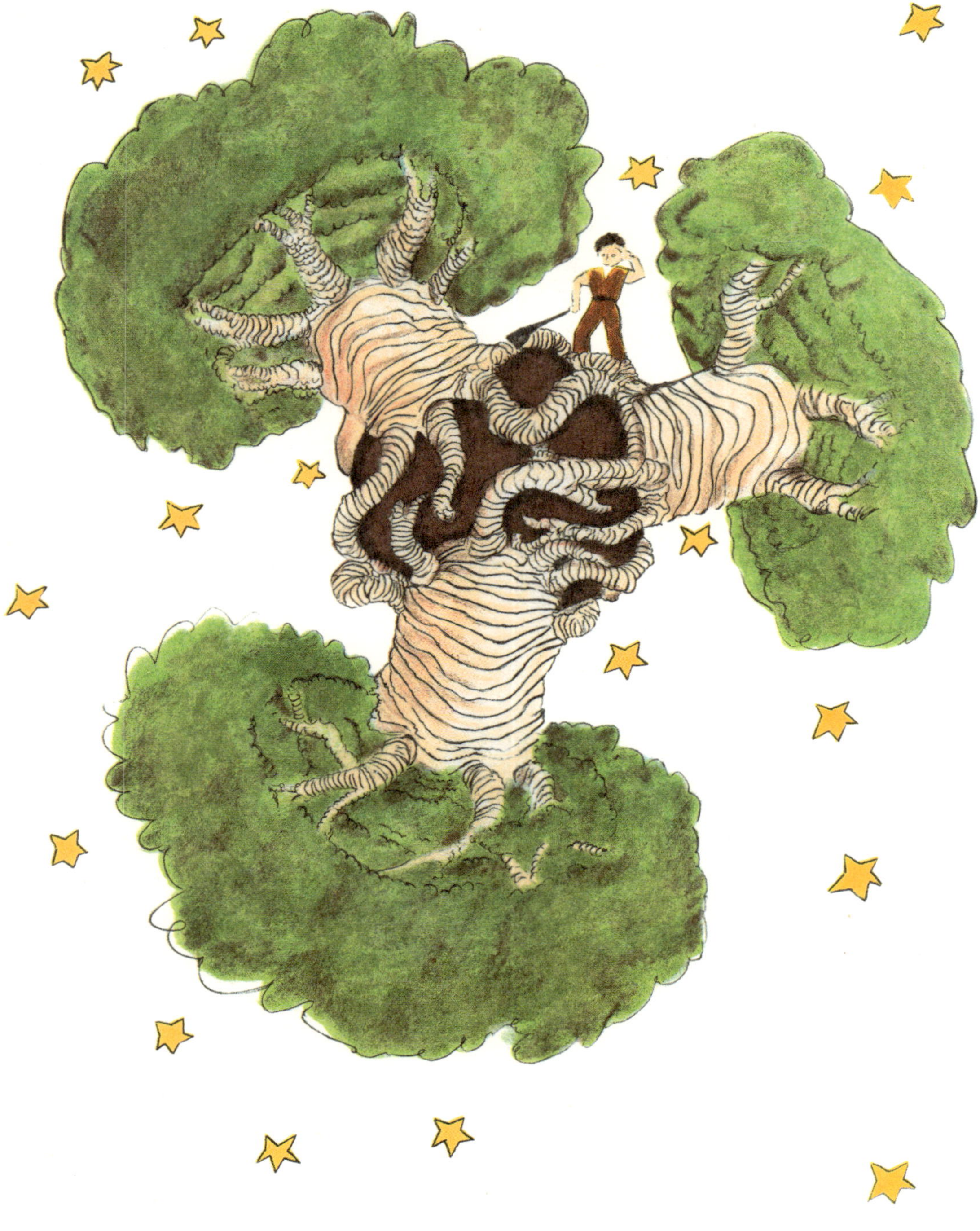

Deshalb machte sich der kleine Prinz jeden Morgen daran, alle Sprösslinge der Affenbrotbäume auszurupfen. Das war eine langweilige, aber leichte Arbeit. Eines Tages riet er mir, ein Bild zu malen, damit die Kinder bei mir zu Hause auch richtig verstünden, wie wichtig es sei, diese Arbeit nicht zu verschieben. „Wenn sie auf die Reise gehen", sagte er, „wird es ihnen noch nützlich sein. Manchmal macht es ja nichts, wenn man eine Arbeit auf später verschiebt. Aber wenn es um Affenbrotbäume geht, führt es immer zu einer Katastrophe. Ich kannte mal einen Planeten, auf dem ein Faulpelz lebte. Er hatte drei Sträucher übersehen ..."

Also habe ich diesen Planeten gemalt. Und ich sage euch: „Kinder! Achtung! Passt bloß auf die Affenbrotbäume auf!"

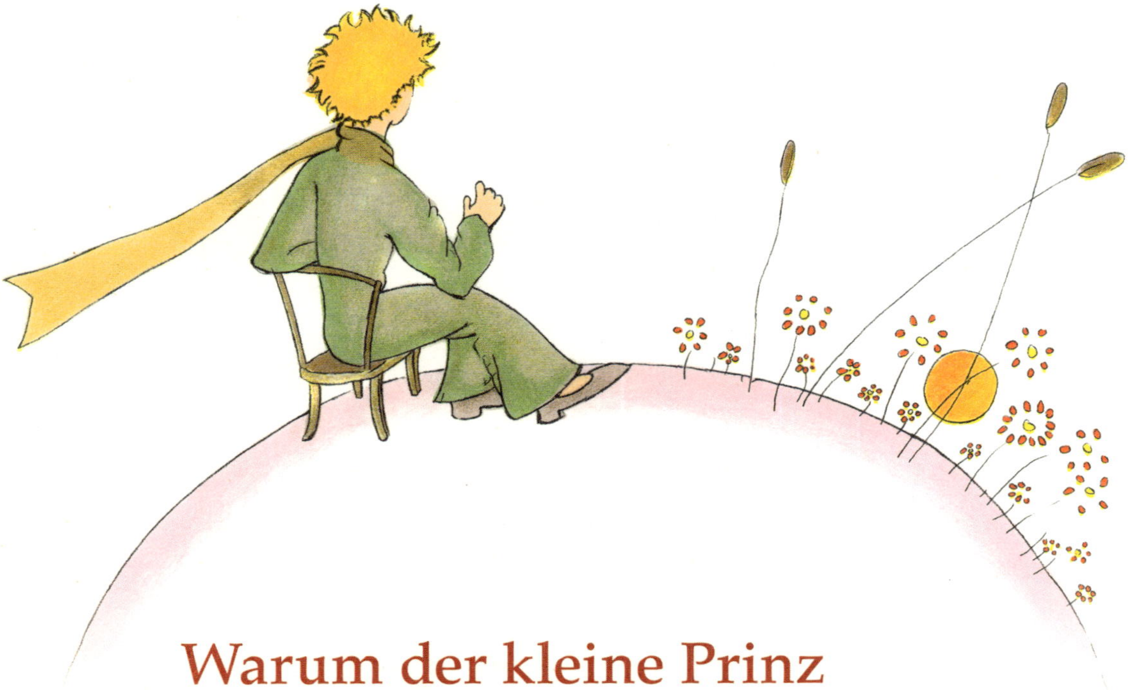

Warum der kleine Prinz Sonnenuntergänge liebt

Lange Zeit hatte der kleine Prinz auf seinem Planeten offenbar nicht viel mehr zu tun, als den Sonnenuntergang zu betrachten. Das erfuhr ich am Morgen des vierten Tages, als er sagte: „Ich liebe Sonnenuntergänge. Komm, wir sehen uns einen an."

„Aber wir müssen doch noch warten, bis es so weit ist", wandte ich ein, denn die Sonne war ja gerade erst aufgegangen.

Er machte zuerst ein sehr erstauntes Gesicht. Dann musste er über sich selber lachen und sagte: „Ich denke immer, ich bin bei mir zu Hause."

Die Sache ist nämlich die: Wenn es in Nordamerika Mittag ist, geht auf der anderen Seite der Weltkugel, zum Beispiel in Frankreich, gerade die Sonne unter. Wenn man also in Nordamerika mittags plötzlich auf die Idee kommt, einem Sonnenuntergang zuzusehen, muss man es schaffen, in einer Minute nach Frankreich zu reisen. Leider ist Frankreich viel zu weit weg. Es dauert viele Stunden, dorthin zu reisen, und wenn man endlich da ist, dann ist die Sonne schon lange untergegangen. Aber auf dem winzigen Planeten des kleinen Prinzen genügte es, einfach den Stuhl ein wenig zur Seite zu rücken, um die andere Seite des Planeten zu sehen. Und schon konnte er sich einen Sonnenuntergang anschauen, sooft er wollte!

„Einmal habe ich die Sonne 44 Mal an einem Tag untergehen sehen", erzählte er. „Weißt du, wenn man so traurig ist, dann mag man Sonnenuntergänge gern …"

„Warst du denn so traurig an diesem Tag?", fragte ich. Aber der kleine Prinz antwortete nicht.

Wie der kleine Prinz zu seiner Rose kam

Am fünften Tag entdeckte ich wieder ein Geheimnis aus dem Leben des kleinen Prinzen. Er fragte mich plötzlich: „Wenn ein Schaf Sträucher frisst, frisst es dann auch Blumen?"

„Ein Schaf frisst alles, was ihm vor die Schnute kommt", erklärte ich ihm.

„Auch die Blumen mit Dornen?"

„Auch die Blumen mit Dornen."

„Wieso haben sie dann überhaupt Dornen?"

Das wusste ich nicht. Außerdem war ich gerade damit beschäftigt, eine zu fest angezogene Schraube an meinem Motor zu lösen. Ich machte mir allmählich große Sorgen, denn meine Panne war immer noch nicht behoben und mein Trinkwasser ging zur Neige. Aber der kleine Prinz ließ nicht locker. Er vergaß nie eine Frage, die er einmal gestellt hatte.

„Was für einen Sinn haben die Dornen?"

Weil ich mich gerade über die Schraube ärgerte und mit den Gedanken ganz woanders war, redete ich einfach irgendwas daher: „Sie haben gar keinen Sinn. Die Blumen lassen sie wachsen, weil es ihnen Spaß macht, andere damit zu stechen."

Der kleine Prinz war wie vor den Kopf geschlagen. Er schwieg eine Weile. Dann sagte

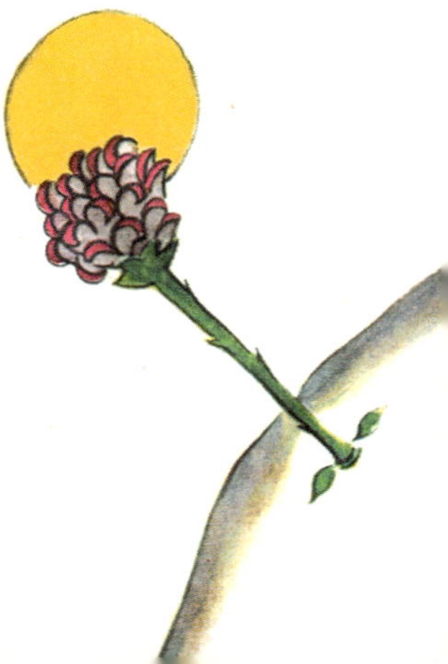

er mit stiller Wut: „Das glaube ich nicht. Blumen sind schwach. Sie müssen sich schützen. Sie glauben, dass sie durch ihre Dornen gefährlich sind …“ Ich antwortete nicht, denn ich dachte über die Schraube nach.

„Glaubst du wirklich …“, fing der kleine Prinz wieder an.

„Nein! Ich glaube gar nichts!“, sagte ich ungehalten. „Ich habe wichtigere Dinge zu tun!“

Er sah mich verblüfft an, wie ich da stand mit einem Hammer in meinen ölverschmierten Händen und mich über einen Gegenstand beugte, der ihm bestimmt sehr hässlich vorkam.

„Du redest wie ein Erwachsener.“

Ich schämte mich. Aber er fügte ohne Mitleid hinzu: „Du bringst alles durcheinander.“ Wütend schüttelte er den Kopf.

„Seit Millionen von Jahren haben die Blumen Dornen. Und seit Millionen von Jahren fressen die Schafe sie trotzdem. Und du findest es unwichtig, dass man wissen möchte, warum sie sich dann die Mühe machen, diese Dornen wachsen zu lassen? Und wenn ich eine Blume kenne, die es nur ein einziges Mal gibt, nur auf meinem Planeten, und wenn dann ein kleines Schaf diese Blume einfach frisst, ohne zu wissen, was es da tut – das soll nicht wichtig sein?“

Er wurde rot vor Wut und fuhr fort: „Wenn jemand eine Blume liebt, die es auf Millionen von Sternen nur einmal gibt, dann ist er schon glücklich, wenn er nur in den Himmel schaut. Er sagt sich: ‚Da oben irgendwo ist meine Blume …‘ Aber wenn das Schaf die Blume frisst, dann ist es für ihn, als würden alle Sterne plötzlich nicht mehr leuchten. Und das soll nicht wichtig sein?“

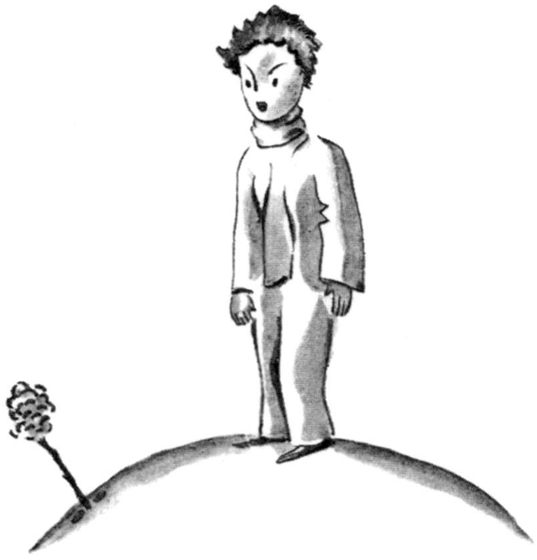

Er konnte nicht mehr weitersprechen vor Kummer und fing an zu schluchzen.

Mein Hammer, die Schraube, der Durst und der Tod, das war mir plötzlich alles egal. Ich musste den kleinen Prinzen trösten. Ich nahm ihn in die Arme und wiegte ihn und sagte: „Der Blume, die du liebst, wird nichts passieren. Ich werde einen Maulkorb für dein Schaf zeichnen. Ich male eine Rüstung für deine Blume … ich …" Dann wusste ich nicht mehr, was ich noch sagen sollte. Ich kam mir vor wie ein Trottel.

Schon bald erfuhr ich mehr über diese Blume. Es hatte auf dem Planeten des kleinen Prinzen schon immer Blumen gegeben, aber sie spielten keine große Rolle. Sie tauchten morgens im Gras auf und abends verschwanden sie wieder. Diese eine aber hatte eines Tages Wurzeln geschlagen, und der kleine Prinz beobachtete sie sehr genau, denn sie sah anders aus als die anderen Blumen. Vielleicht war es ja eine neue Art Affenbrotbaum. Aber der Strauch hörte bald auf zu wachsen und eine Blüte bildete sich. Der kleine Prinz sah zu, wie eine riesige Knospe entstand, aber die Blume ließ sich Zeit. Sie wählte sorgfältig ihre Farben aus und ordnete ihre Blütenblätter eins nach dem anderen. Sie wollte ja eine richtig schöne Blume werden. Und dann, eines Morgens, gerade als die Sonne aufging, zeigte sie sich.

Sie gähnte leise und sagte: „Verzeihung! Ich bin noch ganz zerknittert …"

„Sie sind aber schön!", sagte der kleine Prinz voller Bewunderung.

„Ja, nicht wahr?", erwiderte die Blume sanft. „Und ich bin zur selben Zeit geboren wie die Sonne." Bescheiden war sie nicht gerade, stellte der kleine Prinz fest. Aber sie war so rührend!

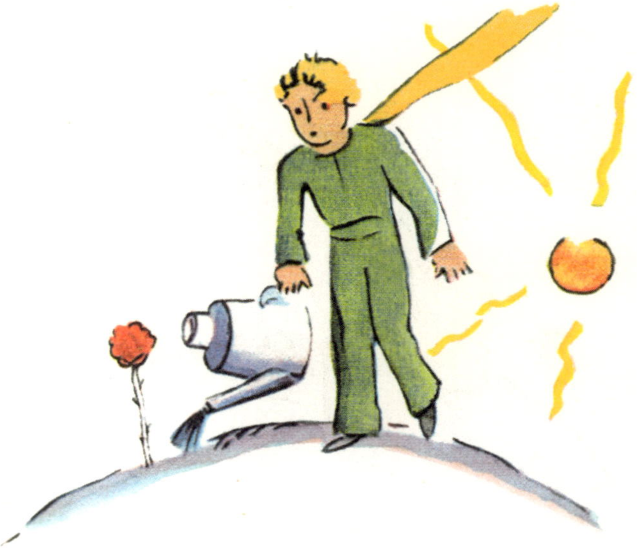

„Ich glaube, es ist Zeit fürs Frühstück", sagte die Blume. „Wären Sie wohl so freundlich, an mich zu denken?" Und der kleine Prinz holte völlig verwirrt eine Gießkanne, um sie zu begießen.

Der kleine Prinz hatte bald gemerkt, dass seine Blume sehr eitel war. Sie bildete sich zum Beispiel viel auf ihre vier Dornen ein. „Sie sollen nur kommen, die Tiger mit ihren Krallen!", rief sie herausfordernd.

„Es gibt keine Tiger auf meinem Planeten", wandte der kleine Prinz ein. „Und außerdem fressen Tiger kein Gras."

„Ich bin kein Gras", antwortete die Blume hochmütig. „Vor Tigern fürchte ich mich nicht, aber mir graut es vor Zugluft. Hätten Sie vielleicht einen Wandschirm für mich?"

„Ihr graut es vor Zugluft?", dachte der kleine Prinz beunruhigt. „Das ist schlecht, wenn man eine Pflanze ist. Diese Blume ist wohl ziemlich kompliziert."

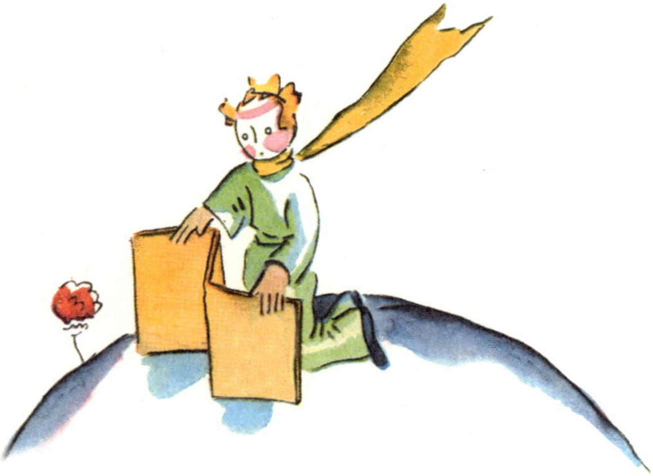

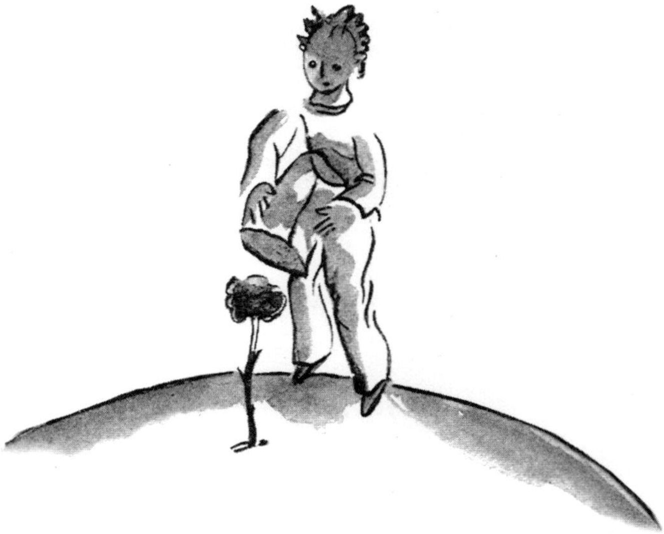

„Stellen Sie mich abends unter eine Glasglocke", befahl die Blume. „Es ist kalt bei Ihnen. Das ist schlecht eingerichtet. Da, wo ich herkomme ..." Aber dann unterbrach sie sich. Sie konnte ja gar nicht wissen, wo sie herkam, denn sie war als Samenkorn auf diesem Planeten gelandet. Sie hüstelte verlegen und sagte dann, um dem kleinen Prinzen trotzdem ein schlechtes Gewissen zu machen: „Der Wandschirm?"

Und so war der kleine Prinz, obwohl er seine Blume liebte, bald sehr unglücklich geworden.

„Ich hätte ihr einfach nicht zuhören dürfen", vertraute er mir an. „Blumen muss man anschauen und ihren Duft einatmen. Man darf sich nicht über den ganzen Unsinn ärgern, den sie erzählen. Sie duftete und sie blühte für mich, was machte es da, dass sie eingebildet und ein bisschen dumm war? Aber das habe ich damals nicht verstanden."

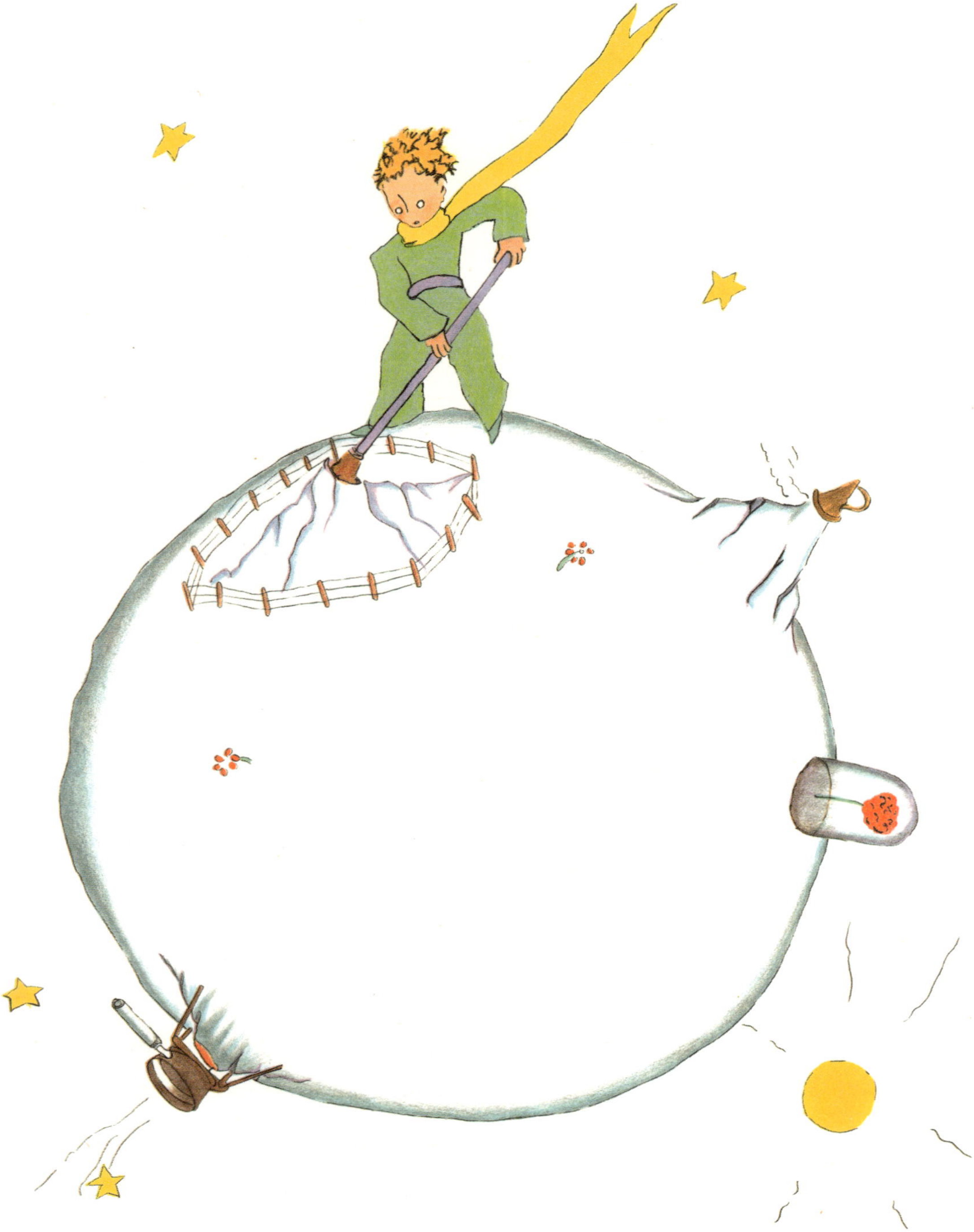

Und so kam es, dass der kleine Prinz eines Tages einfach die Flucht ergriff. Vor seiner Abreise brachte er noch seinen Planeten in Ordnung: Er fegte seine drei Vulkane, riss die letzten Triebe des Affenbrotbaumes aus und goss zum letzten Mal seine Blume. All diese vertrauten Dinge kamen ihm auf einmal wunderschön vor. Das Herz wurde ihm schwer.

„Adieu", sagte er zur Blume. Aber sie antwortete nicht.

„Adieu", sagte er noch einmal. Die Blume hustete verlegen. „Ich war dumm", sagte sie schließlich. „Bitte verzeih mir. Versuche, glücklich zu sein."

Der kleine Prinz wunderte sich, dass die Blume sich gar nicht beklagte. Er stand da mit der Glasglocke in der Hand und war ganz durcheinander.

„Ich liebe dich", sagte die Blume. „Du wusstest es nicht und das ist meine Schuld. Aber das ist jetzt unwichtig. Lass diese dumme Glasglocke. Ich will sie nicht mehr."

„Aber der Wind …"

„Die frische Nachtluft wird mir guttun. Ich bin eine Blume."

„Aber die Tiere …", sagte der kleine Prinz.

„Ich muss wohl zwei oder drei Raupen ertragen, wenn ich die Schmetterlinge kennenlernen will", sagte die Blume. „Wer wird mich sonst besuchen? Du wirst ja weit weg sein." Dann fügte sie noch hinzu: „Nun geh schon! Du hast dich entschieden zu reisen. Also geh!" Denn sie wollte nicht, dass er sie weinen sah. Sie war eine so stolze Blume …

Der kleine Prinz und der König

Der kleine Prinz wollte etwas lernen. Also fing er an, andere Planeten zu besuchen. Vielleicht gab es dort ja für ihn etwas zu tun. Auf dem ersten wohnte ein König. Er trug einen langen Pelzmantel und saß auf einem königlichen Thron.

„Ach, sieh da, ein Untertan!“, rief der König, denn für einen König sind alle Menschen Untertanen. „Komm näher, damit ich dich besser betrachten kann.“ Er war sehr stolz, dass er endlich für jemanden König sein konnte. Der kleine Prinz sah sich nach einer Sitzgelegenheit um, aber der ganze Planet war von dem Pelzmantel des Königs bedeckt. Also blieb er stehen und gähnte.

„Es gehört sich nicht, in Gegenwart eines Königs zu gähnen“, sagte der König. „Ich verbiete es dir.“

„Ich kann nichts dagegen machen“, sagte der kleine Prinz. „Ich habe eine lange Reise hinter mir und bin müde.“

„Na gut“, sagte der König, „dann befehle ich dir zu gähnen. Los, gähn noch einmal!“

„Jetzt kann ich es nicht mehr“, sagte der kleine Prinz eingeschüchtert und wurde rot.

„Hm, hm!“, machte der König. „Dann befehle ich dir eben, mal zu gähnen, und mal …“ Verärgert brummelte er vor sich hin. Es war ihm wichtig, dass man ihm gehorchte. Aber weil er ein guter König war, wollte er nur vernünftige Befehle erteilen. Das war manchmal schwierig. „Darf ich mich setzen?“, fragte der kleine Prinz schüchtern.

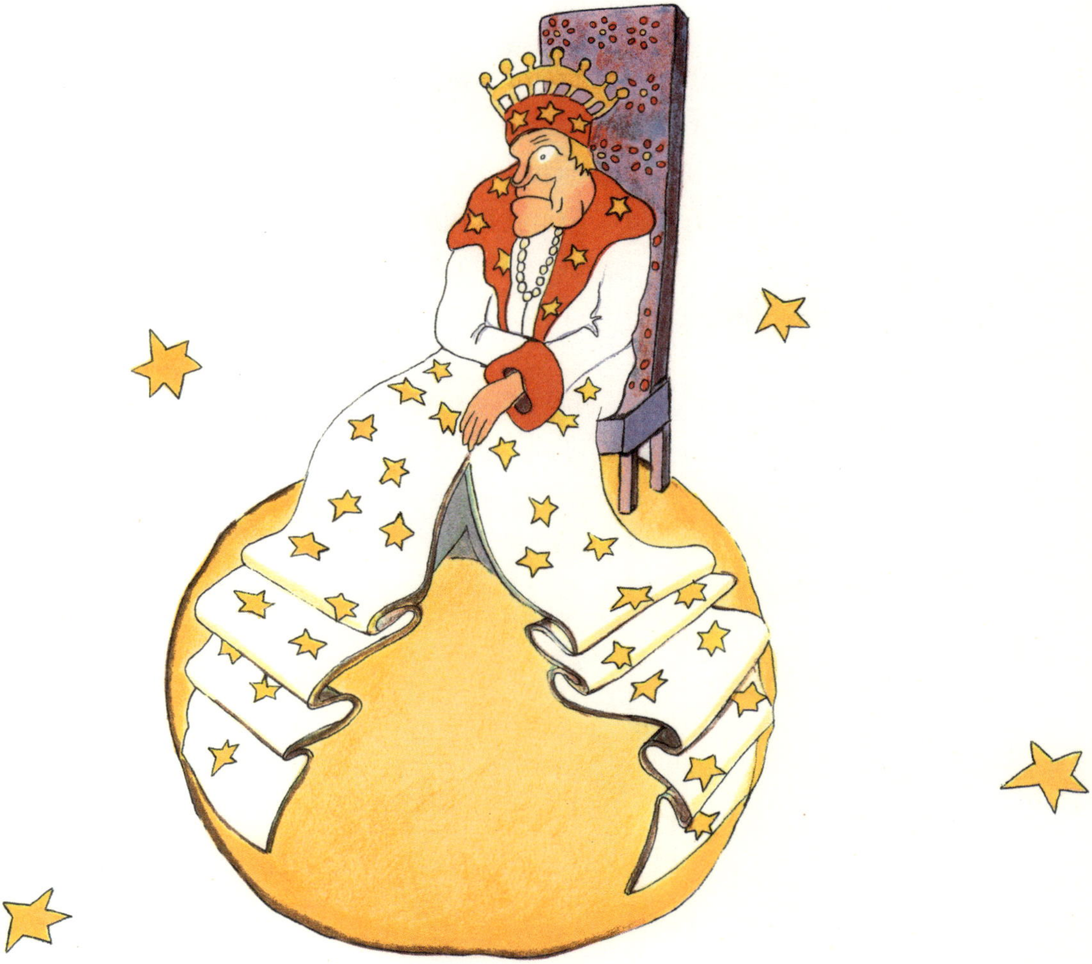

„Ich befehle dir, dich zu setzen", sagte der König und zog seinen Pelzmantel etwas zu sich heran.

„Über wen kann der König auf so einem winzigen Planeten wohl herrschen?", fragte sich der kleine Prinz verwundert. „Hier ist doch niemand!"

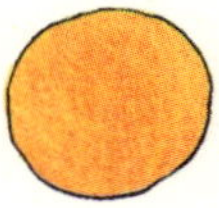

„Majestät", sagte er, „verzeiht mir die Frage ..."

„Ich befehle dir, mich zu fragen", sagte der König schnell.

„Majestät, worüber herrscht Ihr?"

„Über alles", sagte der König schlicht und zeigte auf seinen Planeten, die anderen Planeten und die Sterne.

„Und die Sterne gehorchen Euch?", fragte ihn der kleine Prinz vorsichtig.

„Gewiss", sagte der König. „Sie gehorchen aufs Wort."

Der kleine Prinz staunte. Das musste aber ein wirklich mächtiger König sein, wenn ihm sogar die Sterne gehorchten! Er fasste sich ein Herz und bat den König um einen Gefallen: „Ich möchte einen Sonnenuntergang sehen. Macht mir die Freude – befehlt der Sonne unterzugehen."

„Wenn ich einem General befehlen würde, sich in einen Vogel zu verwandeln", entgegnete der König, „und der General würde meinem Befehl nicht gehorchen, wessen Schuld wäre es dann? Seine oder meine?"

„Eure", sagte der kleine Prinz bestimmt.

„Genau!", sagte der König. „Man darf von jedem nur das fordern, was er auch geben kann."

„Und was ist jetzt mit meinem Sonnenuntergang?", fragte der kleine Prinz, denn er vergaß niemals eine Frage.

„Den sollst du haben", sagte der König. „Ich werde ihn befehlen. Aber in meiner großen Weisheit werde ich damit warten, bis die Voraussetzungen dafür günstig sind."

„Wann wird das sein?", fragte der kleine Prinz.

Der König sah in seinen Kalender und sagte: „Heute Abend gegen sieben Uhr vierzig. Du wirst sehen, wie man mir gehorcht!"

Der kleine Prinz gähnte. Er langweilte sich schon ein bisschen.

„Ich habe hier nichts zu tun", sagte er dem König. „Ich reise wieder ab. Auf Wiedersehen."

„Ich mache dich zu meinem Botschafter!", rief der König ihm noch nach. Er gab sich Mühe, dabei wie ein mächtiger Herrscher auszusehen.

„Die Erwachsenen sind sehr merkwürdig", sagte der kleine Prinz zu sich selbst und setzte seine Reise fort.

Der kleine Prinz und der Eingebildete

Auf dem zweiten Planeten wohnte ein Mann, der sehr eingebildet war. Er hielt sich für den schönsten und klügsten Menschen weit und breit.

„Sieh an, ein Bewunderer kommt zu Besuch!", rief er schon von Weitem, denn für Eingebildete sind alle Menschen Bewunderer.

„Guten Tag", sagte der kleine Prinz. „Sie haben aber einen komischen Hut auf."

„Den brauche ich zum Grüßen, wenn mir jemand zujubelt", sagte der Eingebildete. „Leider kommt hier nie jemand vorbei."

„Aha", sagte der kleine Prinz verständnislos.

„Klatsch mal in die Hände!", sagte der Eingebildete. Der kleine Prinz klatschte in die Hände. Der Eingebildete nahm seinen Hut hoch, schwenkte ihn kurz durch die Luft und setzte ihn dann wieder auf.

„Das macht mehr Spaß als der Besuch beim König", dachte der kleine Prinz. Er klatschte noch ein paar Mal in die Hände und der Eingebildete zog jedes Mal seinen Hut, doch dann wurde ihm dieses Spiel zu langweilig.

„Und was muss ich tun", fragte er, „damit der Hut herunterfällt?"

Aber der Eingebildete hörte ihm gar nicht zu.

„Bewunderst du mich?", fragte er den kleinen Prinzen.

„Was heißt bewundern?"

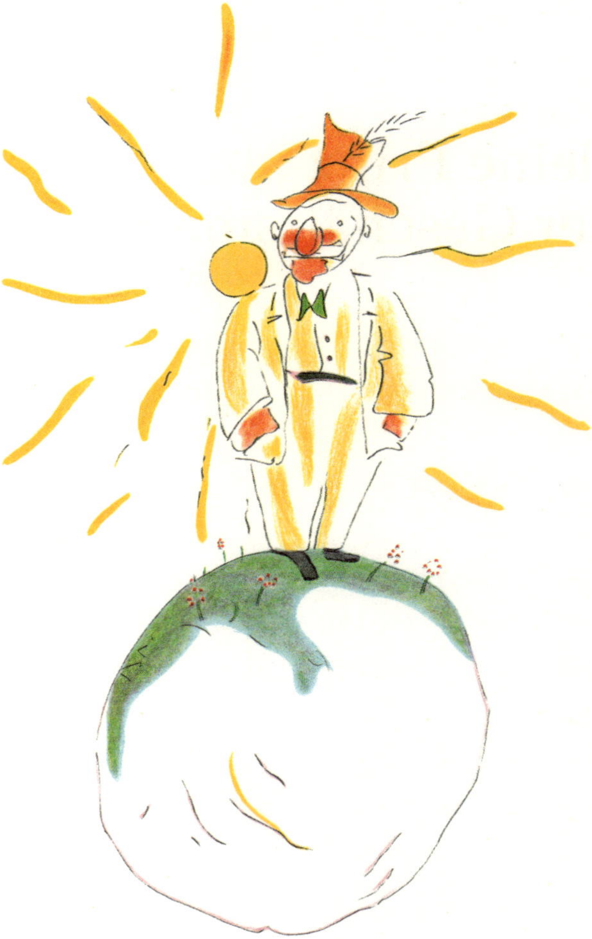

„Bewundern heißt, mich für den schönsten, reichsten und klügsten Menschen auf diesem Planeten zu halten.“

„Aber Sie sind doch ganz allein hier“, sagte der kleine Prinz.

Der Eingebildete wollte trotzdem bewundert werden. Der kleine Prinz sagte: „Ich bewundere Sie. Aber wozu ist das wichtig?“

Dann machte sich der kleine Prinz davon.

„Die Erwachsenen sind wirklich merkwürdig“, sagte er zu sich selbst und setzte seine Reise fort.

Der kleine Prinz und der Geschäftsmann

Den nächsten Planeten bewohnte ein Geschäftsmann. Er war so beschäftigt, dass er die Ankunft des kleinen Prinzen gar nicht bemerkte.

„Guten Tag", sagte der kleine Prinz. „Ihre Zigarette ist ausgegangen."

Der Geschäftsmann hob nicht einmal den Kopf.

„Drei und zwei ist fünf", murmelte er. „Fünf und sieben ist zwölf. Guten Tag. Fünfzehn und sieben ist zweiundzwanzig. Keine Zeit sie wieder anzuzünden. Das macht also fünfhunderteine Million, sechshundertzweiundzwanzigtausendsiebenhunderteinunddreißig." „Fünfhundert Millionen wovon?", fragte der kleine Prinz.

Der Geschäftsmann sah auf. „Wie, bist du immer noch da? Ich bin ein wichtiger Mann, ich habe keine Zeit für dummes Zeug."

„Fünfhundert Millionen wovon?", wiederholte der kleine Prinz, denn er vergaß niemals eine Frage. Der Geschäftsmann begriff, dass er keine Ruhe geben würde. „Millionen von diesen kleinen Dingern, die man manchmal am Himmel sieht."

„Fliegen?", fragte der kleine Prinz.

„Aber nein. Kleine goldene Dinger, bei denen alle Nichtstuer ins Träumen geraten."

„Ach, die Sterne!", rief der kleine Prinz aus. „Und was machen Sie mit diesen Sternen?"

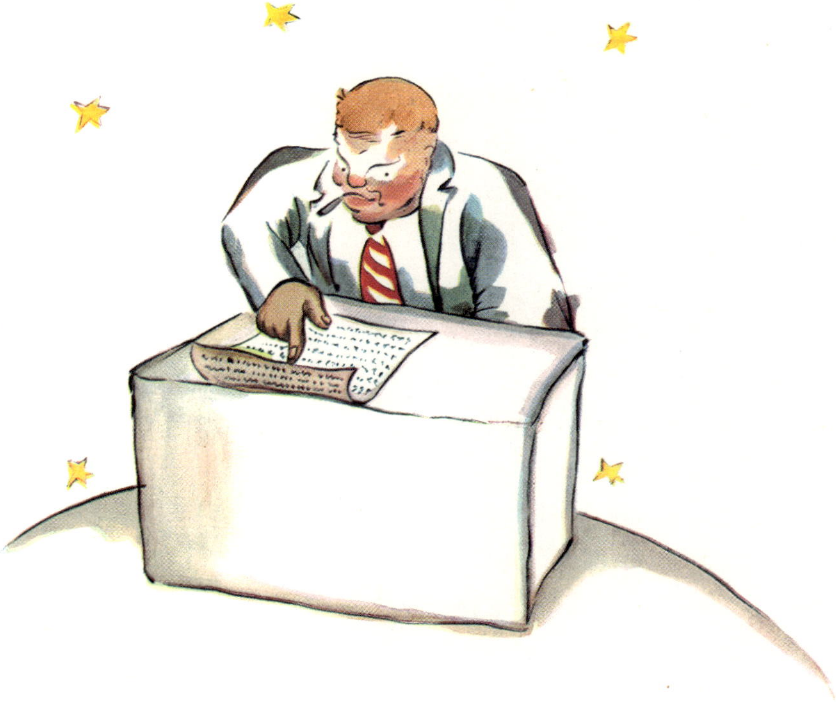

„Nichts, ich besitze sie."

„Wie kann man die Sterne besitzen?", fragte der kleine Prinz weiter.

„Ich habe als Erster daran gedacht", entgegnete der Geschäftsmann mürrisch. „Also gehören sie mir."

„Wie, das reicht?"

„Natürlich. Wenn du einen Diamanten findest, der niemandem gehört, dann gehört er dir. Wenn du eine Insel findest, die niemandem gehört, dann ist sie deine. Und ich besitze die Sterne, weil vorher noch niemand daran gedacht hat, sie zu besitzen."

„Das ist wahr", sagte der kleine Prinz. „Und was machst du damit?"

„Nichts. Ich zähle sie und dann zähle ich sie noch einmal", sagte der Geschäftsmann. „Ich bin ein wichtiger Mann."

Der kleine Prinz war noch nicht zufrieden.

„Wenn ich einen Schal habe, kann ich ihn um den Hals wickeln und mitnehmen. Wenn ich eine Blume habe, kann ich sie pflücken und mitnehmen. Aber du kannst mit deinen Sternen gar nichts machen."

Der Geschäftsmann erklärte dem kleinen Prinzen, dass er die Sterne auf die Bank bringen konnte: Er schrieb ihre Zahl einfach auf ein Stück Papier und legte es in einen Tresor.

„Das ist zwar lustig", dachte der kleine Prinz. „Aber es ist nicht wichtig." Er hatte nämlich eine ganz andere Vorstellung von wichtigen Dingen als der Geschäftsmann.

„Also ich", fing er wieder an, „ich besitze eine Blume, die ich jeden Tag gieße. Ich habe drei Vulkane, die ich jede Woche kehre. Es nützt meinen Vulkanen und es nützt meiner Blume, dass ich sie besitze. Aber du nützt deinen Sternen überhaupt nicht ..."

Der Geschäftsmann öffnete den Mund, aber ihm fiel keine Antwort darauf ein und der kleine Prinz verschwand.

„Die Erwachsenen sind wirklich ganz schön seltsam", dachte er bei sich und setzte seine Reise fort.

Der kleine Prinz
und der Laternenanzünder

Der vierte Planet war der kleinste von allen. Dort war gerade einmal genug Platz für eine Laterne und einen Laternenanzünder. Der kleine Prinz überlegte, wozu man wohl auf einem Planeten ohne Mensch und Haus eine Laterne und einen Laternenanzünder brauchte. Aber es war immerhin eine hübsche Beschäftigung.

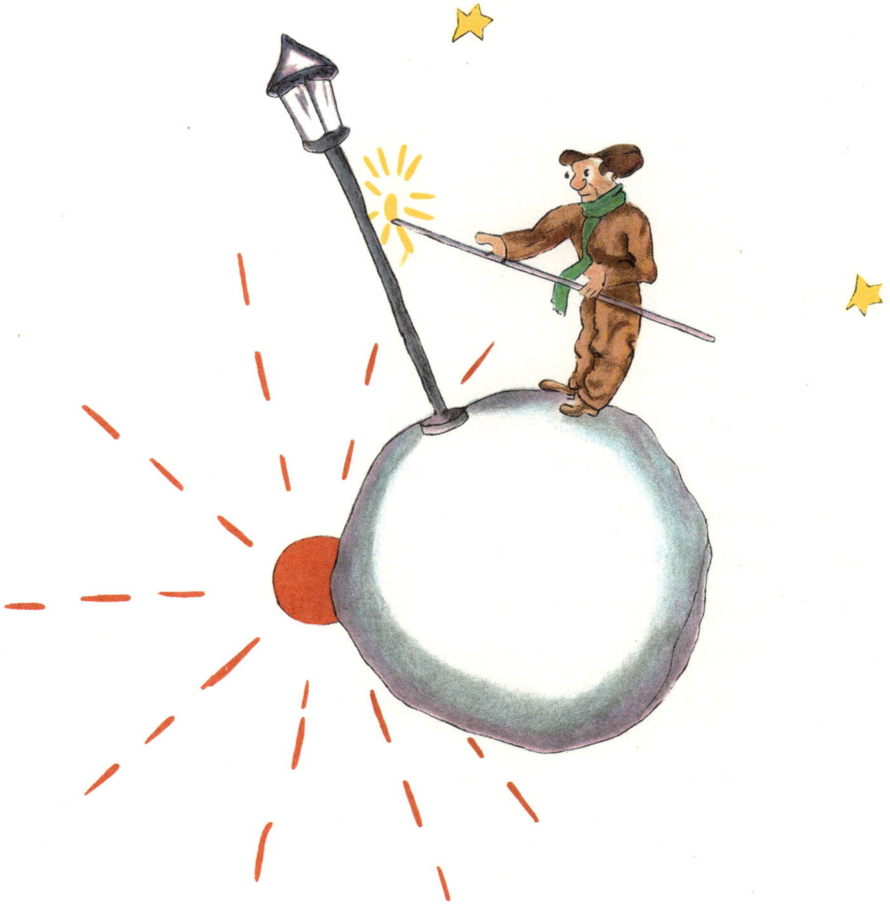

Er grüßte den Laternenanzünder respektvoll und fragte: „Warum hast du gerade deine Laterne ausgemacht?"

„Das ist Vorschrift", sagte der Laternenanzünder. „Guten Tag."

„Was ist Vorschrift?"

„Meine Laterne auszumachen. Guten Abend."

Und er zündete sie wieder an.

„Und warum hast du sie gerade wieder angemacht?"

„Das ist Vorschrift", sagte der Laternenanzünder.

„Das verstehe ich nicht", sagte der kleine Prinz.

„Da gibt es nichts zu verstehen. Vorschrift ist Vorschrift. Guten Tag."

Er machte die Laterne wieder aus. Dann wischte er sich mit einem rotkarierten Taschentuch über die Stirn. „Früher war das eine vernünftige Arbeit", sagte er. „Da habe ich die Laterne morgens ausgemacht und abends angezündet. Dazwischen konnte ich mich ausruhen."

„Und dann wurde die Vorschrift geändert?", fragte der kleine Prinz.

„Nein", sagte der Laternenanzünder. „Die Vorschrift wurde nicht geändert. Das ist es ja eben. Der Planet dreht sich von Jahr zu Jahr schneller. Es wird hell und eine Minute später wird es schon wieder dunkel. Also muss ich jede Minute die Laterne an- und wieder ausmachen."

„Wie lustig", dachte der kleine Prinz. Ein Tag dauert hier also nur eine Minute. Das erinnerte ihn an die Sonnenuntergänge auf seinem Planeten.

Und weil er seinem Freund helfen wollte, sagte er: „Ich weiß, wie du dich ausruhen kannst, wenn du willst."

„Ich will immer", sagte der Laternenanzünder, denn man kann treu und gleichzeitig faul sein.

Der kleine Prinz fuhr fort: „Dein Planet ist so klein, dass du mit drei großen Schritten einmal ganz herum bist. Du musst nur so langsam gehen, dass du immer in der Sonne bleibst. Wenn du dich ausruhen willst, gehst du – dann dauert der Tag so lange, wie du willst."

„Das nützt mir nichts", sagte der Anzünder. „Das Schönste im Leben ist für mich das Schlafen."

„Das ist Pech", antwortete der kleine Prinz.

„Der da", dachte er sich, als er seine Reise fortsetzte, „ist der Einzige, den ich nicht lächerlich finde. Er ist der Einzige, den ich zu meinem Freund hätte machen können. Aber auf seinem Planeten ist wirklich kein Platz für zwei …"

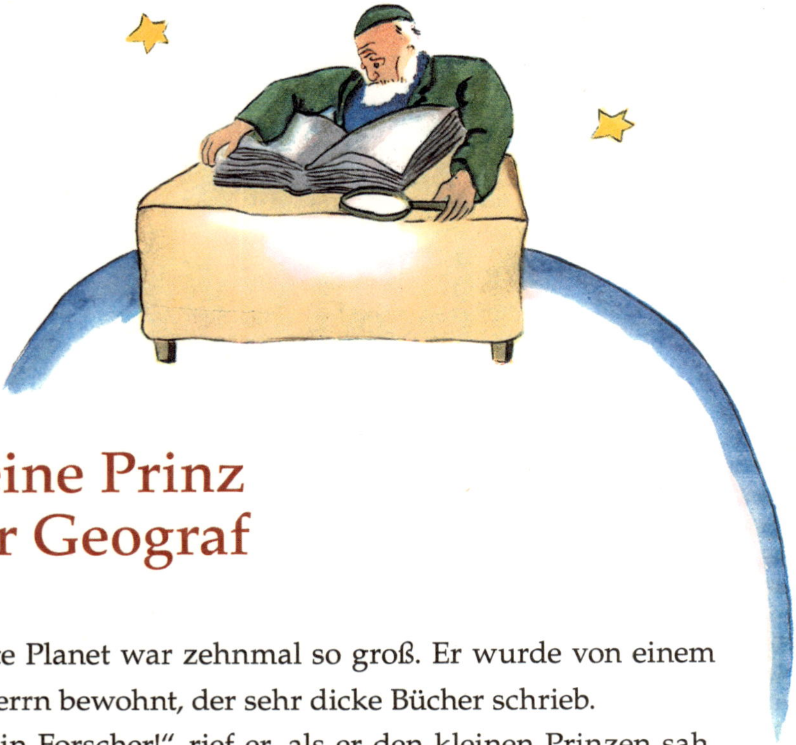

Der kleine Prinz und der Geograf

Der fünfte Planet war zehnmal so groß. Er wurde von einem alten Herrn bewohnt, der sehr dicke Bücher schrieb.

„Sieh da! Ein Forscher!", rief er, als er den kleinen Prinzen sah. Der kleine Prinz setzte sich auf den Tisch und verschnaufte ein wenig. Er war schon so viel gereist!

„Was ist das für ein dickes Buch?", fragte er. „Was machen Sie da?"

„Ich bin Geograf", sagte der alte Herr.

„Was ist das, ein Geograf?"

„Das ist ein Gelehrter, der weiß, wo sich die Meere, die Flüsse, die Städte, die Berge und die Wüsten befinden."

„Das ist ja interessant!", sagte der kleine Prinz. „Endlich mal ein richtiger Beruf." Er sah sich auf dem Planeten des Geografen um und sagte: „Er ist schön, Ihr Planet. Gibt es hier auch Ozeane?"

„Woher soll ich das wissen?", antwortete der Geograf.

„Ach!" Der kleine Prinz war enttäuscht. „Und Berge? Und Städte und Flüsse und Wüsten?"

Das wusste der Geograf auch nicht.

„Aber Sie sind doch Geograf!“, sagte der kleine Prinz.

„Richtig“, antwortete der Geograf. „Aber nicht der Geograf reist durch die Gegend und zählt die Berge, Flüsse und Städte. Das machen die Forscher. Der Geograf ist viel zu wichtig, um die ganze Zeit durch die Gegend zu reisen. Er sitzt an seinem Schreibtisch, befragt die Forscher und notiert sich, was sie gesehen haben.“

Plötzlich wurde er ganz aufgeregt. „Du kommst doch von weit her! Du bist Forscher! Du musst mir deinen Planeten beschreiben.“ Er schlug sein Buch auf und spitzte seinen Bleistift.

„Oh, bei mir zu Hause“, sagte der kleine Prinz, „ist es nicht besonders interessant. Es ist ziemlich klein. Ich habe drei Vulkane. Zwei aktive und einen erloschenen. Aber man weiß ja nie.“

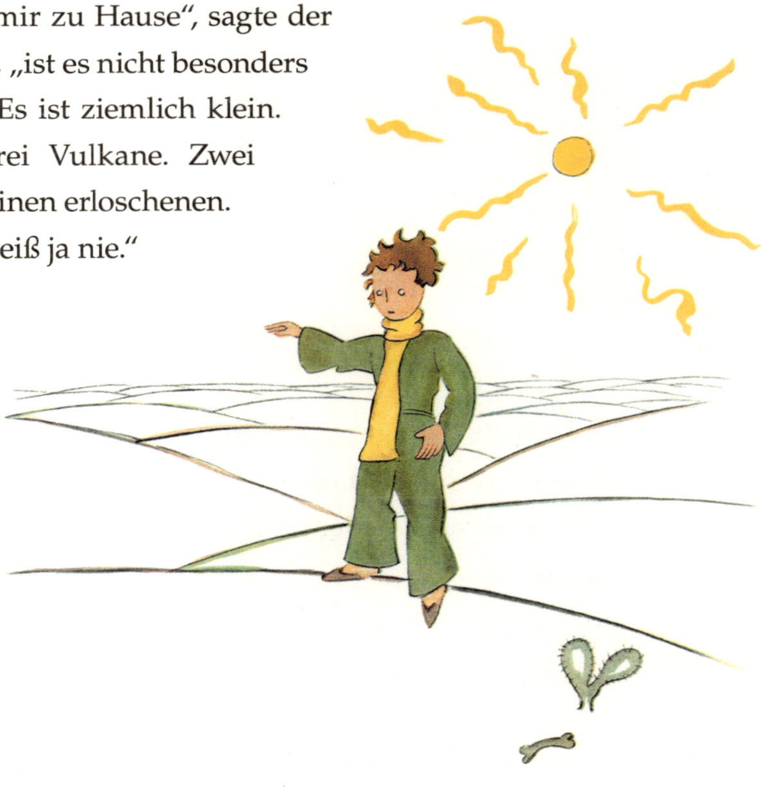

„Man weiß ja nie", stimmte der Geograf zu.

„Dann habe ich noch eine Blume."

„Die schreiben wir nicht auf", sagte der Geograf.

„Warum nicht?", fragte der kleine Prinz. „Sie ist das Schönste auf meinem Planeten!"

„Weil Blumen vergänglich sind", erklärte der Geograf.

„Was heißt vergänglich?", fragte der kleine Prinz.

„Es ist sehr selten", entgegnete der Geograf, „dass ein Berg seinen Platz wechselt, oder dass ein Ozean plötzlich verschwindet. In Geografiebüchern stehen nur Dinge, die ewig währen."

„Aber die erloschenen Vulkane können wieder aktiv werden", unterbrach ihn der kleine Prinz.

„Das kommt für uns auf das Gleiche heraus", sagte der Geograf. „Für uns zählt nur der Berg. Und der verändert sich nicht."

„Aber was heißt ‚vergänglich'?", fragte der kleine Prinz, denn er vergaß nie eine Frage.

„Das bedeutet: bald nicht mehr da."

„Meine Blume ist bald nicht mehr da", dachte der kleine Prinz erschrocken. „Sie hat nur vier Dornen, um sich gegen die Welt zu wehren. Und ich habe sie ganz alleine zu Hause gelassen!"

Plötzlich tat es ihm leid, dass er seinen Planeten verlassen hatte. Aber dann fasste er sich wieder und fragte: „Was empfehlen Sie mir zu besichtigen?"

„Die Erde", antwortete der Geograf. „Sie hat einen guten Ruf."

Der kleine Prinz verschwand und dachte an seine Blume.

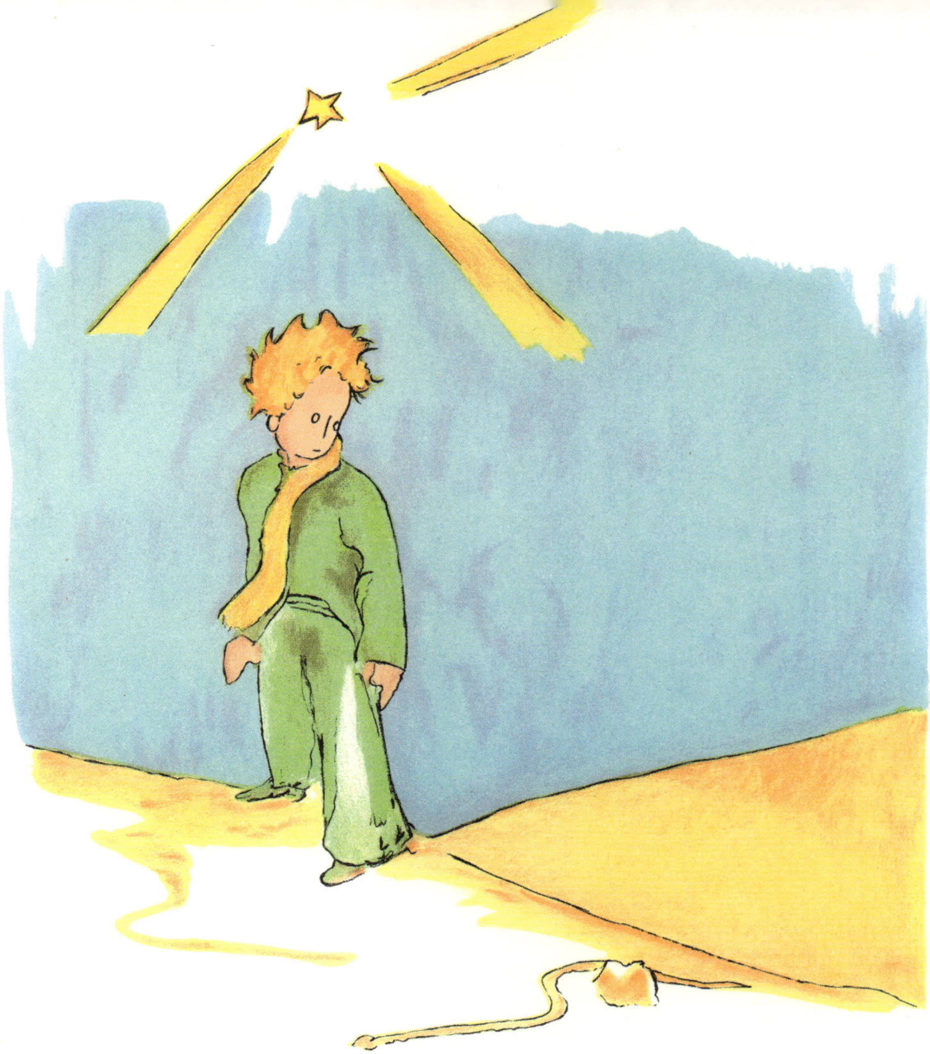

Der kleine Prinz und die Schlange

Der nächste Planet war also die Erde. Zuerst wunderte sich der kleine Prinz, dass er niemanden sah. Er fürchtete schon, sich im Planeten geirrt zu haben, aber da bewegte sich etwas im Sand. Es sah aus wie ein Ring.

„Guten Abend", sagte der kleine Prinz aufs Geratewohl.

„Guten Abend“, sagte die Schlange.

„Auf welchen Planeten bin ich gefallen?“, fragte der kleine Prinz.

„Auf die Erde“, antwortete die Schlange.

„Ach! Lebt denn niemand auf der Erde?“

„Du bist in der Wüste. In der Wüste lebt niemand. Die Erde ist groß“, erklärte die Schlange. Der kleine Prinz setzte sich auf einen Stein und sah zum Himmel hinauf.

„Ich frage mich“, sagte er, „ob die Sterne wohl leuchten, damit jeder eines Tages seinen eigenen Stern wiederfinden kann. Sieh dir meinen Planeten an. Er steht genau über uns ... aber wie weit weg er ist!“

„Er ist hübsch“, sagte die Schlange. „Warum bist du hier?“

„Ich habe Probleme mit einer Blume“, sagte der kleine Prinz.

„Aha“, sagte die Schlange. Dann schwiegen sie.

„Wo sind die Menschen?“, fing der kleine Prinz schließlich wieder an, denn er sehnte sich nach Gesellschaft. „Man ist ein bisschen einsam in der Wüste ...“

„Man ist auch bei den Menschen einsam“, sagte die Schlange. Der kleine Prinz betrachtete sie lange. „Du bist ein komisches Tier“, sagte er schließlich, „dünn wie ein Finger ...“

„Aber ich bin mächtiger als der kleinste Finger eines Königs“, sagte die Schlange stolz.

Der kleine Prinz musste lächeln: „Das glaube ich nicht. Du hast gar keine Pfoten. Du kannst nicht mal laufen.“

„Ich kann dich weiter wegbringen als ein Schiff“, sagte die Schlange.

Sie ringelte sich um den Knöchel des kleinen Prinzen wie ein goldenes Armband. „Ich kann dir eines Tages helfen, wenn du dich zu sehr nach deinem Planeten sehnst", fuhr sie fort. „Ich kann dich zurückbringen."

„Warum sprichst du in Rätseln?", fragte der kleine Prinz.

„Am Ende löse ich sie alle auf", antwortete die Schlange. Und dann schwiegen sie wieder.

Der kleine Prinz und die Blumen

Der kleine Prinz durchquerte die Wüste. Dann stieg er auf einen hohen Berg. Die einzigen Berge, die er jemals gesehen hatte, waren seine drei Vulkane. Aber die hatten ihm nur bis zu den Knien gereicht.

„Von einem Berg, der so hoch ist wie dieser hier“, sagte er sich, „werde ich bestimmt den ganzen Planeten und alle Menschen sehen.“ Aber als er oben war, sah er nichts weiter als die Spitzen von spitzen Felsen.

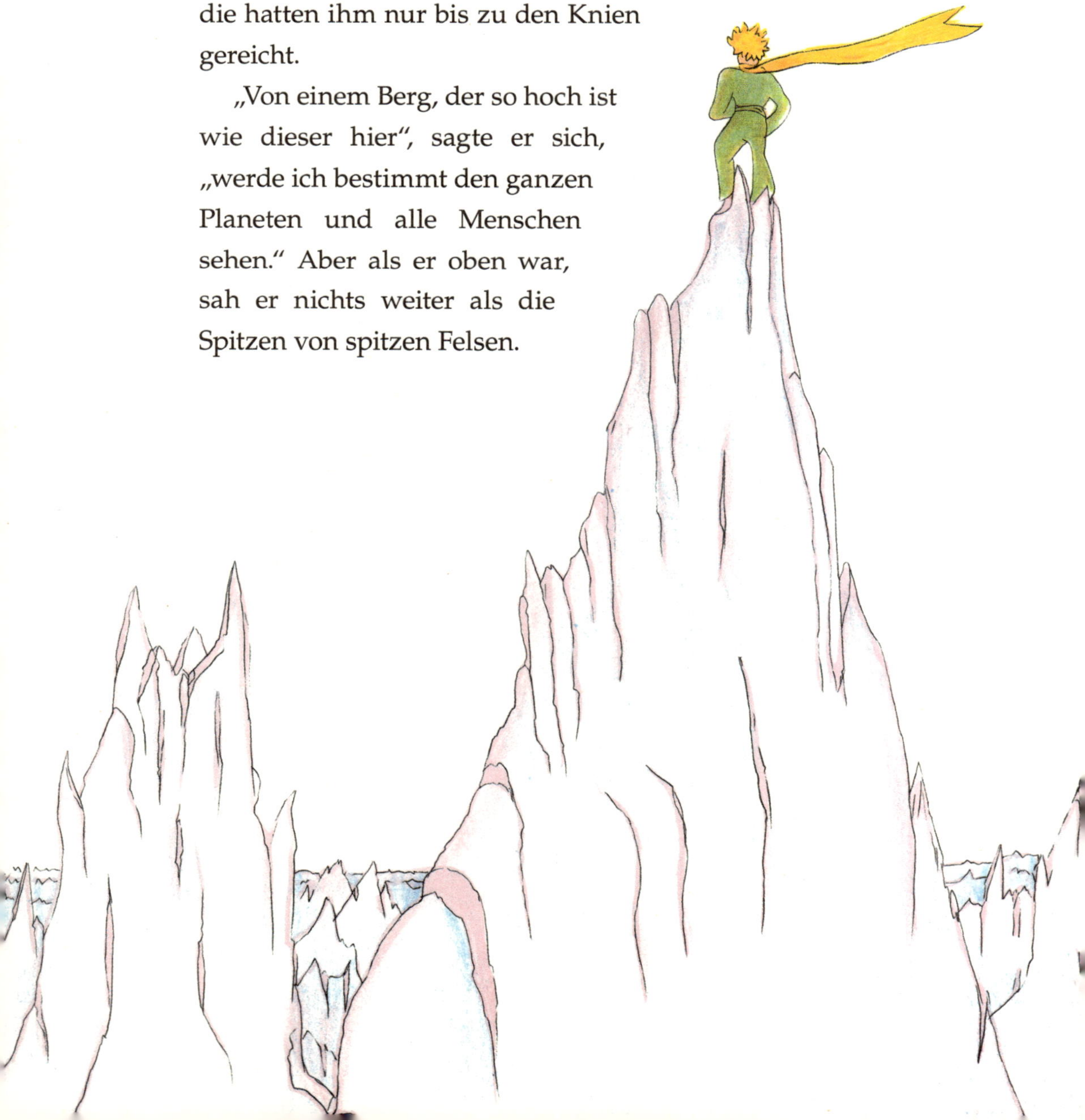

„Guten Tag", sagte er ins Blaue hinein.

„Guten Tag … guten Tag … guten Tag", antwortete das Echo.

„Wer bist du?", fragte der kleine Prinz.

„Wer bist du … wer bist du … wer bist du?", antwortete das Echo.

„Willst du mein Freund sein?", fragte der kleine Prinz.

„Mein Freund sein … mein Freund sein … mein Freund sein …", antwortete das Echo.

„Was für ein komischer Planet", dachte der kleine Prinz.

Nachdem er lange durch Sand, Felsen und Schnee gewandert war, entdeckte er endlich eine Straße. Und alle Straßen führen zu Menschen. Bald stand der kleine Prinz vor einem Rosengarten.

„Guten Tag", sagte der kleine Prinz.

„Guten Tag", antworteten die Rosen. Der kleine Prinz betrachtete sie erstaunt. Diese Blumen glichen alle seiner Rose.

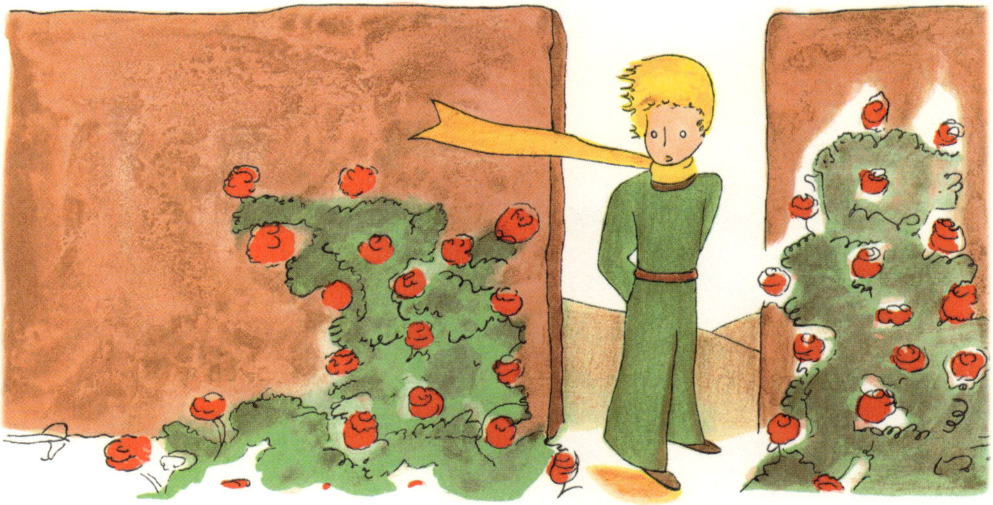

„Wer seid ihr?", fragte er verblüfft.

„Wir sind Rosen", sagten die Rosen.

„Ach!", sagte der kleine Prinz und wurde sehr traurig. Seine Blume hatte ihm erzählt, sie sei die Einzige ihrer Art im ganzen Universum. Und hier gab es gleich 5.000 von ihr, alle gleich, in einem einzigen Garten!

„Sie würde sich bestimmt schrecklich schämen, wenn sie das hier sehen könnte", dachte der kleine Prinz. „Sie würde fürchterlich husten und so tun, als müsse sie sterben, nur damit ich es nicht merke. Und ich müsste so tun, als würde ich ihr glauben, denn sonst würde sie wirklich sterben, bloß um mir ein schlechtes Gewissen zu machen."

Dann dachte er: „Ich habe mich reich gefühlt, weil ich eine einzigartige Blume besaß, dabei gehört mir nur eine ganz gewöhnliche Rose. Eine Rose und drei Vulkane, das macht aus mir noch keinen besonders großartigen Prinzen ..." Und er legte sich ins Gras und weinte.

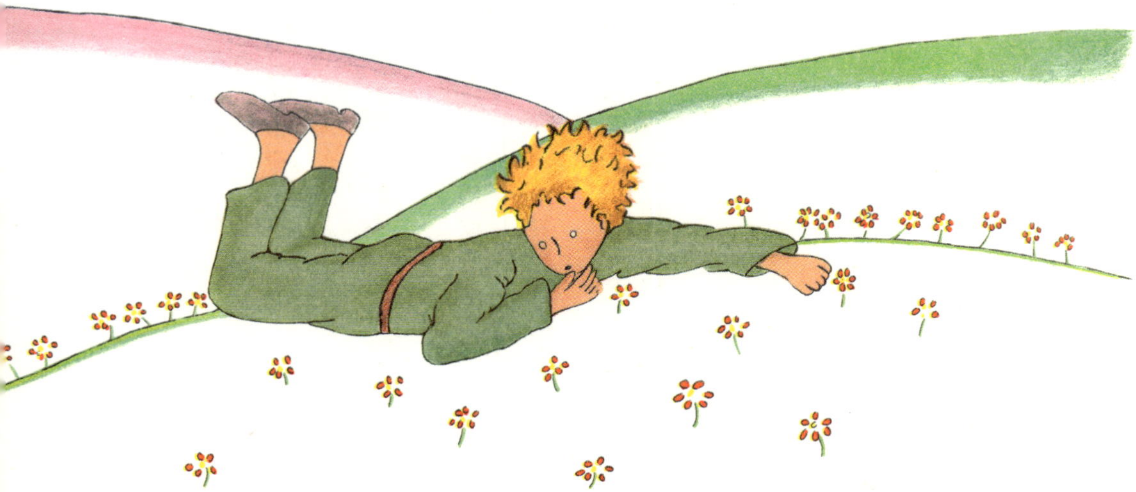

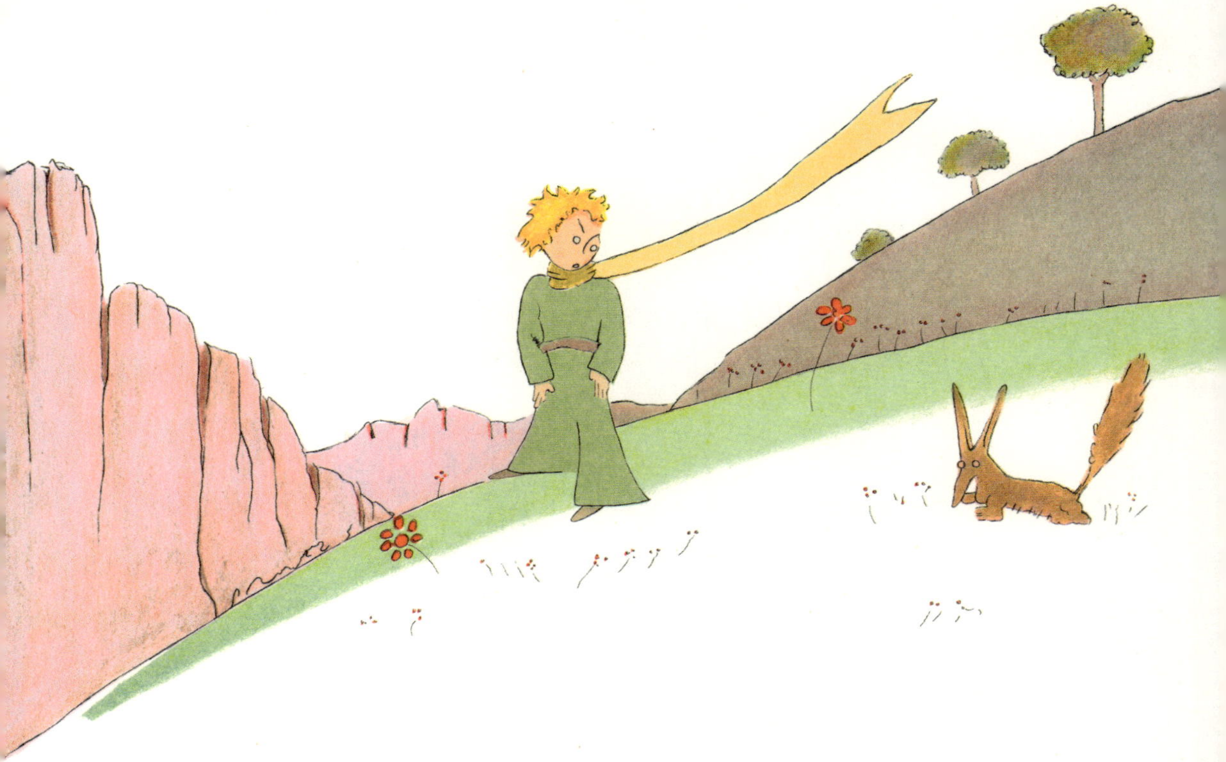

Der kleine Prinz und der Fuchs

In diesem Moment erschien der Fuchs.

„Guten Tag!", sagte der Fuchs.

„Guten Tag!", erwiderte der kleine Prinz höflich. Er drehte sich um, aber er sah nichts.

„Ich bin hier", sagte die Stimme, „unter dem Apfelbaum."

„Wer bist du?", fragte der kleine Prinz. „Du bist wirklich hübsch."

„Ich bin ein Fuchs", sagte der Fuchs.

„Komm und spiel mit mir", schlug der kleine Prinz vor. „Ich bin so traurig …"

„Ich kann nicht mit dir spielen", sagte der Fuchs. „Ich bin noch nicht gezähmt."

Der kleine Prinz dachte nach. Er wusste nicht, was „zähmen“ bedeutet.

„Du bist nicht von hier“, stellte der Fuchs fest. „Was suchst du?“

„Ich suche die Menschen“, sagte der kleine Prinz. „Was bedeutet ‚zähmen‘?“

„Die Menschen“, sagte der Fuchs, „haben Gewehre und jagen. Das ist sehr lästig. Aber sie züchten auch Hühner. Suchst du Hühner?“

„Nein“, sagte der kleine Prinz. „Ich suche Freunde. Was bedeutet ‚zähmen‘?“

„Das ist eine Sache, die ziemlich in Vergessenheit geraten ist“, sagte der Fuchs. „Es bedeutet: eine Bindung herstellen.“

Das verstand der kleine Prinz nicht.

„Das ist so“, erklärte der Fuchs. „Im Augenblick bist du für mich nur ein kleiner Junge wie hunderttausend andere kleine Jungen. Ich brauche dich nicht, und du brauchst mich auch nicht. Für dich bin ich nur ein Fuchs wie hunderttausend andere Füchse. Aber wenn du mich zähmst, dann werden wir einander brauchen. Du wirst für mich einzigartig sein. Und ich werde für dich einzigartig sein.“

„Langsam verstehe ich“, sagte der kleine Prinz. „Es gibt da eine Blume .... Ich glaube, sie hat mich gezähmt.“

„Schon möglich“, sagte der Fuchs. „Auf der Erde passieren die seltsamsten Dinge.“

„Oh, das ist nicht auf der Erde“, sagte der kleine Prinz. „Es ist auf einem anderen Planeten.“

Der Fuchs wurde neugierig: „Gibt es Jäger auf diesem Planeten?“

„Nein“, sagte der kleine Prinz. „Und auch keine Hühner.“

„Nichts ist vollkommen", seufzte der Fuchs. Dann fuhr er fort: „Mein Leben ist ziemlich langweilig. Ich jage die Hühner und die Menschen jagen mich. Die Hühner sind alle gleich, die Menschen sind auch alle gleich. Aber wenn du mich zähmst, dann wird in meinem Leben plötzlich die Sonne scheinen. Ich werde den Klang deiner Schritte von allen anderen unterscheiden können. Normalerweise verschwinde ich schnell in meinem Bau, wenn ich Schritte höre. Aber der Klang deiner Schritte wird mich unter der Erde hervorlocken wie eine hübsche Melodie. Und siehst du da drüben die Weizenfelder? Ich esse kein Brot. Für mich sind Weizenfelder bedeutungslos. Aber dein Haar ist blond wie der Weizen. Es wird wunderbar sein, wenn du mich erst einmal gezähmt hast. Jedes Weizenfeld wird mich an dich erinnern. Und ich werde das Rauschen des Windes in den Ähren lieben ..." Der Fuchs verstummte und sah den kleinen Prinzen lange an. „Bitte, zähme mich!"

„Ich möchte schon", sagte der kleine Prinz. „Aber ich habe nicht viel Zeit. Ich muss Freunde finden und viele Dinge kennenlernen."

„Man kennt nur, was man gezähmt hat", antwortete der Fuchs. „Aber die Menschen haben ja keine Zeit mehr, irgendetwas kennenzulernen. Sie kaufen sich alles in den Geschäften. Und weil man Freunde nicht im Laden kaufen kann, haben sie keine mehr. Wenn du einen Freund willst, dann zähme mich!"

„Wie geht das denn?", fragte der kleine Prinz.

„Du musst sehr geduldig sein", antwortete der Fuchs. „Zuerst setzt du dich in einiger Entfernung ins Gras. Ich werde dich aus dem Augenwinkel beobachten und am besten sagst du erst einmal nichts.

Aber jeden Tag rückst du ein bisschen näher heran …" Der Fuchs erklärte ihm, dass es feste Gewohnheiten geben müsse. Deshalb sollte er jeden Tag zur selben Zeit kommen. „Wenn du zum Beispiel um vier Uhr nachmittags kommst, dann freue ich mich schon ab drei Uhr darauf. Aber wenn du irgendwann kommst, weiß ich nie, wann ich mit dem Freuen anfangen soll."

So zähmte der kleine Prinz also den Fuchs. Und als die Stunde des Abschieds kam, sagte der Fuchs: „Jetzt muss ich weinen."

„Da bist du selber schuld", antwortete der kleine Prinz. „Du wolltest ja unbedingt gezähmt werden. Was hast du jetzt davon?"

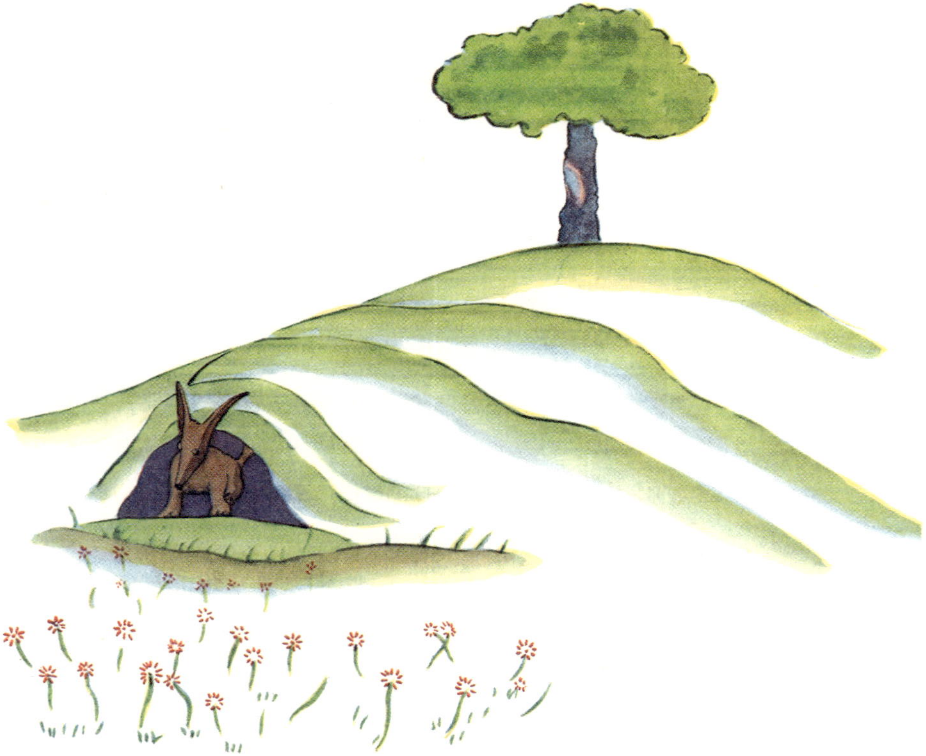

„Ich habe die Farbe des Weizens davon", sagte der Fuchs.

Dann fügte er hinzu: „Geh dir noch einmal die Rosen anschauen. Dann verstehst du, dass deine Rose einzigartig auf der Welt ist. Und dann kommst du noch einmal her und sagst mir Auf Wiedersehen. Dann werde ich dir ein Geheimnis schenken."

Der kleine Prinz ging davon, um die Rosen zu betrachten. „Ihr seht überhaupt nicht aus wie meine Rose, ihr seid noch gar nichts", sagte er zu ihnen. „Niemand hat euch gezähmt. Ihr seid so, wie vorher mein Fuchs war, ein Fuchs wie tausend andere Füchse. Aber jetzt ist er mein Freund, und jetzt ist er für mich einzigartig auf der Welt."

Die Rosen schämten sich sehr.

Der kleine Prinz kehrte zum Fuchs zurück und verabschiedete sich.

„Adieu!", sagte der Fuchs. „Hier ist mein Geheimnis. Es ist ganz einfach: Man sieht nur mit dem Herzen gut. Das Wesentliche ist für die Augen unsichtbar."

„Das Wesentliche ist für die Augen unsichtbar", wiederholte der kleine Prinz, um es sich zu merken.

„Es ist die Zeit, die du mit deiner Rose verbracht hast, die deine Rose so besonders macht", sagte der Fuchs. „Die Menschen haben diese Wahrheit vergessen. Aber du darfst es niemals vergessen. Für das, was man gezähmt hat, ist man für immer verantwortlich. Und du bist verantwortlich für deine Rose."

„Ich bin verantwortlich für meine Rose", wiederholte der kleine Prinz, um es nicht zu vergessen.

Der kleine Prinz und der Weichensteller

Der kleine Prinz verließ den Fuchs und ging weiter, bis er zu Bahngleisen kam. Dort traf er einen Weichensteller.

„Was machst du da?“, fragte der kleine Prinz.

„Ich sortiere die Reisenden“, sagte der Weichensteller. „Dafür schicke ich die einen Züge nach rechts und die anderen Züge nach links.“

Ein hell erleuchteter Schnellzug donnerte vorbei und ließ das Weichenstellerhäuschen erzittern.

„Die haben es aber eilig“, sagte der kleine Prinz. „Suchen sie etwas?“

„Das weiß nicht mal der Lokomotivführer“, sagte der Weichensteller.

Ein zweiter hell erleuchteter Schnellzug donnerte vorbei.

„Kommen sie schon zurück?“, fragte der kleine Prinz.

„Das sind nicht die gleichen“, sagte der Weichensteller.

„Waren sie vielleicht nicht zufrieden dort, wo sie waren?“

„Man ist nie zufrieden da, wo man ist“, sagte der Weichensteller.

Ein dritter hell erleuchteter Schnellzug donnerte vorbei.

„Verfolgen sie die ersten Reisenden?“, fragte der kleine Prinz.

„Sie verfolgen überhaupt nichts“, sagte der Weichensteller. „Sie schlafen da drin oder sie gähnen. Nur die Kinder drücken die Nasen an die Scheiben.“

„Die Kinder wissen, was sie suchen", sagte der kleine Prinz. „Sie verbringen ihre Zeit mit einer Stoffpuppe, und die Stoffpuppe wird sehr wichtig für sie. Und wenn man sie ihnen wegnimmt, weinen sie …"

„Die Kinder haben es gut", sagte der Weichensteller. „Sie haben einen Freund."

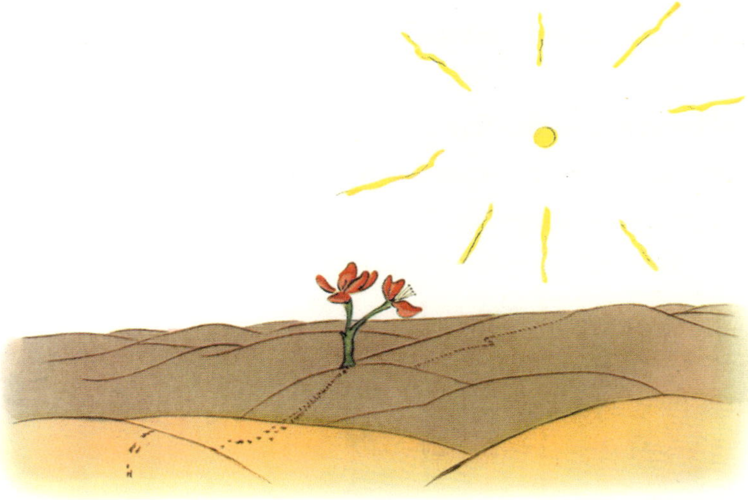

Wie wir mitten in der Wüste einen Brunnen fanden

Es war der achte Tag meiner Panne in der Wüste, und während mir der kleine Prinz die Geschichte vom Weichensteller erzählte, trank ich meinen letzten Tropfen Wasser.

„Tja", sagte ich zum kleinen Prinzen. „Deine Erlebnisse sind ja ganz spannend, aber ich habe mein Flugzeug immer noch nicht repariert und ich habe nichts mehr zu trinken."

„Mein Freund, der Fuchs …", fing der kleine Prinz an.

„Es geht hier nicht mehr um deinen Fuchs, mein Kleiner."

„Warum?"

„Weil wir verdursten werden."

„Es ist gut, einen Freund gehabt zu haben", fuhr der kleine Prinz fort, ohne meinen Einwand zu beachten, „auch wenn man sterben muss. Ich bin jedenfalls froh, dass ich einen Fuchs zum Freund hatte."

„Er sieht die Gefahr gar nicht", dachte ich bei mir. „Er hat nie Hunger oder Durst. Alles, was er braucht, ist ein bisschen Sonne."

Aber der kleine Prinz sah mich an, als hätte er meine Gedanken gelesen, und sagte: „Ich habe auch Durst. Komm, wir suchen einen Brunnen."

Ich zuckte mit den Schultern: „Es ist sinnlos, in einer riesigen Wüste aufs Geratewohl nach einem Brunnen zu suchen." Dennoch gingen wir los.

Stundenlang zogen wir schweigend dahin, dann wurde es Nacht und die Sterne begannen zu leuchten. Sie erschienen mir wie im Traum, denn ich hatte schon Fieber vor lauter Durst. Die Worte des kleinen Prinzen tanzten mir durch den Kopf: „Du hast also auch Durst?“, fragte ich ihn.

Aber er antwortete nicht, sondern sagte nur: „Wasser kann auch dem Herzen guttun.“ Ich verstand seine Antwort nicht, aber ich wusste ja, dass man ihn nichts fragen durfte. Er setzte sich. Ich setzte mich neben ihn. Nach einer Pause sagte er: „Die Sterne sind schön, weil sie mich an eine Blume erinnern, die ich nicht sehen kann.“

Ich betrachtete schweigend die Sanddünen unter dem Mond.

„Die Wüste ist auch schön“, fügte er hinzu.

Und das stimmte. Ich habe die Wüste immer geliebt. Man setzt sich auf eine Sanddüne. Man sieht nichts. Man hört nichts. Und dennoch ist da dieses stille Strahlen.

„Was die Wüste so schön macht“, sagte der kleine Prinz, „ist, dass sich irgendwo in ihr ein Brunnen versteckt.“

Und plötzlich verstand ich das stille Strahlen des Sandes. Als ich ein kleiner Junge war, habe ich in einem alten Haus gewohnt, in dem angeblich ein Schatz versteckt war. Er wurde nie gefunden, aber es hat wahrscheinlich auch niemand danach gesucht. Dennoch hat der Schatz das ganze Haus verzaubert. Mein Haus verbarg ein Geheimnis tief in seinem Inneren.

„Ja“, sagte ich zum kleinen Prinzen. „Ob es nun um ein Haus geht, um die Sterne oder um die Wüste, was sie so schön macht, das sieht man nicht.“

„Ich bin froh“, sagte er, „dass du mit meinem Fuchs einer Meinung bist.“

Er schlief ein und ich nahm ihn auf die Arme und setzte meinen Weg fort. Es kam mir vor, als trüge ich einen zerbrechlichen Schatz. Ich betrachtete sein blasses Gesicht, die geschlossenen Augen, die Haarsträhnen, die im Wind zitterten, und sagte zu mir selbst: „Was ich hier sehe, ist nur eine Hülle. Das Wesentliche ist unsichtbar …“

Der kleine Prinz schien im Schlaf zu lächeln. Das Bild seiner geliebten Rose strahlte in ihm wie der Schein einer Kerze, selbst wenn er schlief. Und er kam mir noch zerbrechlicher vor als vorher. Man muss gut aufpassen auf die Kerzen; schon ein Windstoß kann sie zum Erlöschen bringen.

Und wie ich so weiterlief, entdeckte ich bei Tagesanbruch den Brunnen. Er sah gar nicht aus wie ein Brunnen in der Sahara. Das sind einfache Löcher, die in den Sand gegraben werden. Dieser hier sah aus wie ein Dorfbrunnen. Hier gab es aber gar kein Dorf und ich glaubte zu träumen.

„Seltsam“, sagte ich zum kleinen Prinzen, „alles ist bereit: die Rolle, der Eimer und das Seil.“ Er lachte und zog am Seil. Die Rolle knarrte wie eine Wetterfahne, wenn der Wind lange geschlafen hat.

„Hörst du“, sagte der kleine Prinz. „Wir wecken den Brunnen auf und jetzt singt er.“

„Lass mich das machen“, sagte ich. „Das ist zu schwer für dich.“

Langsam zog ich den Eimer hoch bis zum Brunnenrand. Das Wasser zitterte in der Sonne.

„Ich habe Durst nach diesem Wasser“, sagte der kleine Prinz.

„Gib mir zu trinken.“ Ich hob den Eimer an seine Lippen und er trank mit geschlossenen Augen. Und ich verstand, was er gesucht hatte. Dieses Wasser löschte nicht einfach nur den Durst. Es war dem langen Weg durch die

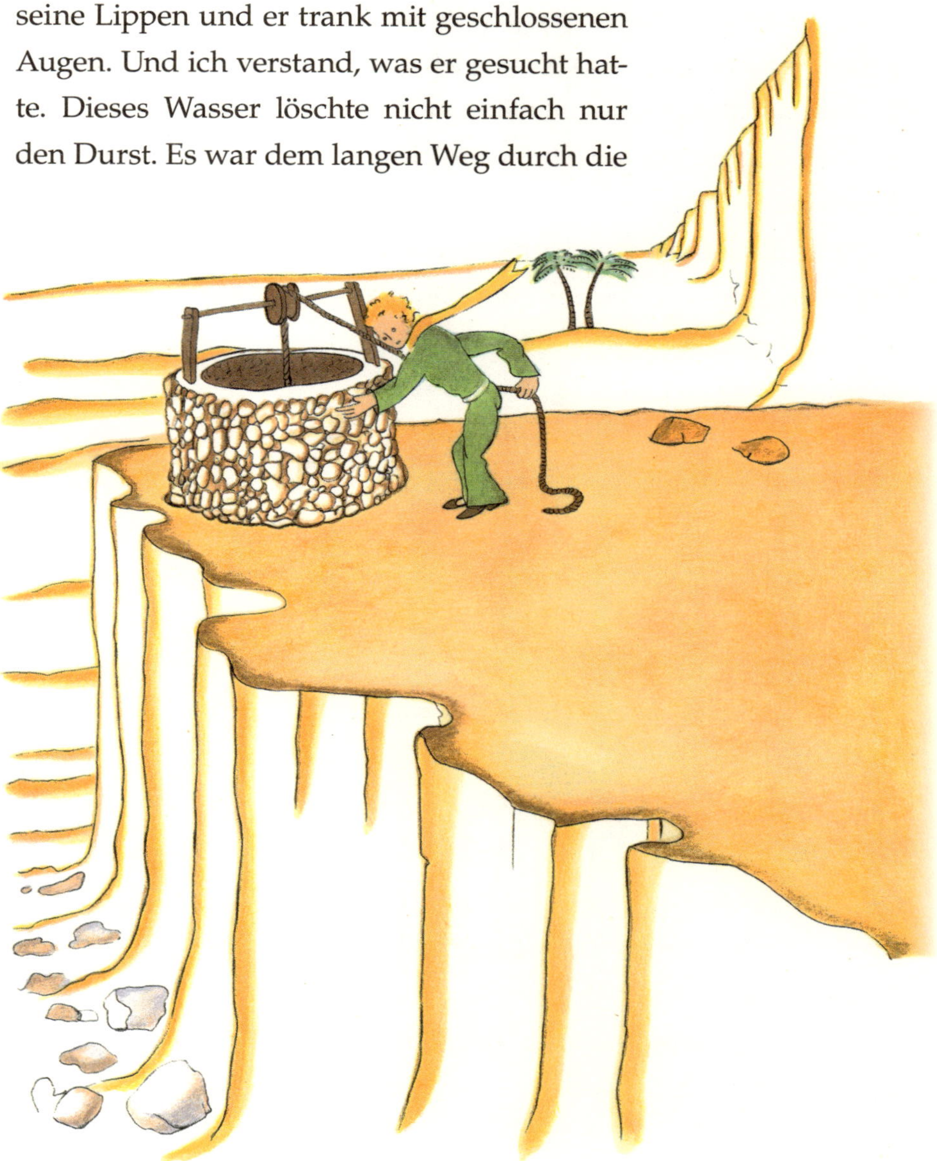

Wüste entsprungen, dem Gesang der Rolle, der Anstrengung meiner Arme. Es tat dem Herzen gut, es war wie ein Geschenk. Genauso machten damals, als ich ein kleiner Junge war, die Lichter des Weihnachtsbaumes, die Musik der Mitternachtsmesse und das liebevolle Lächeln den eigentlichen Zauber der Geschenke aus, die ich bekam.

Später, als wir beide getrunken und uns erholt hatten, setzte sich der kleine Prinz wieder zu mir. „Du musst dein Versprechen halten", sagte er. „Du weißt schon … der Maulkorb für mein Schaf … ich bin verantwortlich für diese Blume."

Ich zog meinen Skizzenblock aus der Tasche und kritzelte ihm einen Maulkorb. Dabei hatte ich das ungute Gefühl, dass er etwas vorhatte.

„Weißt du, mein Sturz auf die Erde", sagte er. „Morgen ist es ein Jahr her. Es war hier ganz in der Nähe." Er wurde rot.

„Es war also kein Zufall, dass du hier vor acht Tagen ganz allein herumspaziert bist?", fragte ich. „Wolltest du zurück an die Absturzstelle?"

Der kleine Prinz antwortete nie auf Fragen. Aber er wurde wieder rot, und wenn man rot wird, dann bedeutet das so viel wie „ja", nicht wahr? Ich bekam Angst. Der kleine Prinz sagte: „Du musst zurück zu deinem Flugzeug. Ich warte hier auf dich. Komm morgen Abend wieder."

Das beruhigte mich nicht. Ich dachte an den Fuchs. Wenn man sich zähmen lässt, dann kann es sein, dass man manchmal weinen muss …

Wie der kleine Prinz mich verließ

In der Nähe des Brunnens stand eine alte, verfallene Steinmauer. Als ich am nächsten Abend zurückkam, sah ich schon von Weitem den kleinen Prinzen dort oben sitzen und mit den Beinen baumeln. Und ich hörte ihn reden.

„Erinnerst du dich denn nicht?", sagte er. „Es war nicht ganz genau hier …" Eine andere Stimme muss geantwortet haben, denn er erwiderte darauf: „Doch, es ist der gleiche Tag, aber nicht der gleiche Ort." Ich ging näher heran und hörte wieder den kleinen Prinzen antworten: „Natürlich. Du wirst sehen, wo meine Spur im Sand beginnt. Du musst dort nur auf mich warten. Heute Nacht werde ich da sein."

Ich war jetzt 20 Meter von der Mauer entfernt und konnte immer noch nichts sehen. Der kleine Prinz sagte nach einer Pause:

„Hast du auch gutes Gift? Bist du sicher, dass es nicht lange wehtun wird?" Ich blieb stehen und mein Herz krampfte sich zusammen. Aber ich verstand noch immer nicht.

„Geh jetzt weg", sagte er, „ich will wieder runter." Als ich zum Fuß der Mauer blickte, machte ich einen Satz. Da unten ringelte sich eine dieser gelben Schlangen, die einen innerhalb von 30 Sekunden umbringen können, und reckte sich zu dem kleinen Prinzen empor.

Ich rannte los und suchte in der Tasche nach meinem Revolver, aber die Schlange glitt schon durch den Sand davon und verschwand zwischen den Steinen. Ich kam gerade rechtzeitig vor der Mauer an, um den kleinen Prinzen aufzufangen. Er war weiß wie Schnee.

„Was ist denn das für eine Geschichte? Redest du jetzt mit Schlangen?", rief ich.

Er schaute mich ernst an und legte seine Arme um meinen Hals. Ich fühlte sein Herz heftig klopfen.

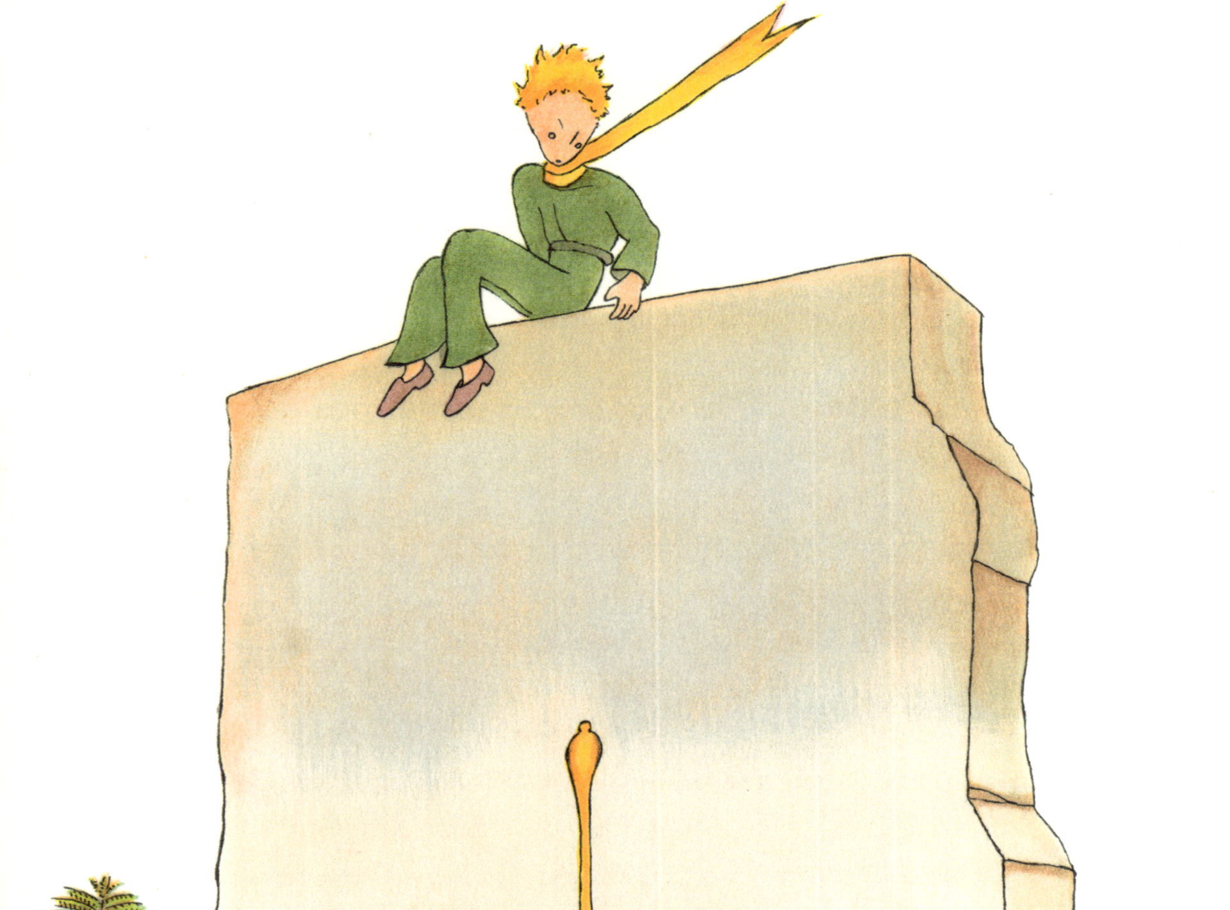

Er sagte: „Ich bin froh, dass du den Schaden an deiner Maschine gefunden hast. Du wirst nach Hause zurückkehren können."

Woher wusste er das? Ich hatte ihm doch gerade erst erzählen wollen, dass es mir gelungen war, das Flugzeug zu reparieren!

„Ich werde heute auch nach Hause zurückkehren", fuhr er fort. „Aber das ist viel weiter ... und viel schwieriger." Sein Blick verlor sich in der Ferne. „Ich habe dein Schaf. Und ich habe die Kiste für das Schaf. Und ich habe den Maulkorb." Er lächelte traurig, und ich merkte, dass er große Angst hatte. Ich konnte den Gedanken nicht ertragen, dass ich ihn nie mehr lachen hören würde. Sein Lachen war für mich wie ein Brunnen in der Wüste.

„Heute Nacht wird mein Stern genau über der Stelle stehen, wo ich letztes Jahr heruntergefallen bin", fuhr der kleine Prinz fort.

„Aber das ist doch nur ein böser Traum, Kerlchen, diese Geschichte mit der Schlange und dem Treffen und dem Stern, nicht wahr?"

Er antwortete nicht auf meine Frage. Er sagte: „Was wichtig ist, das sieht man nicht. Das ist wie mit der Blume. Wenn du eine Blume liebst, die auf einem Planeten lebt, dann ist es schön, nachts in den Himmel zu schauen. Alle Sterne sind voller Blumen."

„Ja, schon", sagte ich.

„Nachts wirst du zu den Sternen aufschauen. Ich kann dir meinen nicht zeigen, er ist viel zu klein. Mein Stern wird für dich nur einer von vielen Sternen sein. So wirst du gern zu allen Sternen aufschauen, sie werden alle deine Freunde sein. Und ich habe noch ein Geschenk für dich."

Er lachte.

„Ach, Kerlchen, ich höre dich so gerne lachen!"

„Genau das ist mein Geschenk."

„Wie meinst du das?"

„Die Sterne bedeuten für jeden etwas anderes. Für die Reisenden sind die Sterne Wegweiser. Für andere sind sie nichts als kleine Lichtpunkte. Für die Gelehrten sind sie Probleme. Für meinen Geschäftsmann waren sie aus Gold. Aber alle diese Sterne schweigen. Nur du wirst Sterne haben wie sonst niemand. Weil ich auf einem von ihnen wohnen und lachen werde, wird es für dich sein, als ob alle Sterne lachen. Nur du wirst Sterne haben, die lachen können."

Er lachte wieder. „Und wenn du dich getröstet hast (und man tröstet sich immer), dann wirst du froh sein, dass du mich kennengelernt hast. Du wirst immer mein Freund sein. Du wirst Lust haben, mit mir zu lachen. Und manchmal öffnest du dann einfach das Fenster und deine Freunde werden sich darüber wundern, dass du zum Himmel aufschaust und lachst. Dann sagst du: ‚Ja, die Sterne, die bringen mich immer zum Lachen.' Und dann halten sie dich für verrückt." Und er lachte noch einmal.

Dann wurde er wieder ernst.

„Heute Nacht … weißt du … komm nicht. Es wird aussehen, als wäre ich krank, ein bisschen, als würde ich sterben. Es ist nicht nötig, dass du dir das anschaust."

„Ich werde dich nicht verlassen", sagte ich.

Aber er machte sich Sorgen, dass mich die Schlange beißen könnte.

„Ich werde dich nicht verlassen“, wiederholte ich.

Für einen zweiten Biss haben Schlangen kein Gift mehr, das beruhigte ihn.

Ich bekam nicht mit, wie er sich in dieser Nacht auf den Weg machte. Er stahl sich lautlos davon. Als ich ihn einholte, marschierte er zügig voran. „Ach, da bist du ja …“ Er nahm meine Hand. Aber er machte sich immer noch Sorgen. „Es wird dir wehtun. Es wird aussehen, als wäre ich tot, aber das stimmt nicht.“

Ich schwieg.

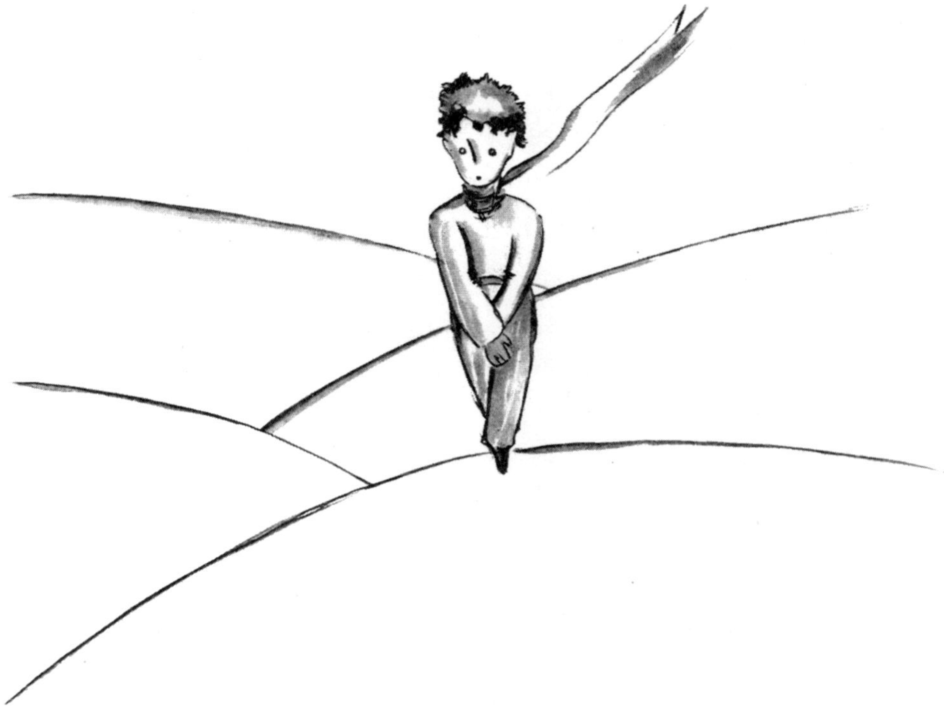

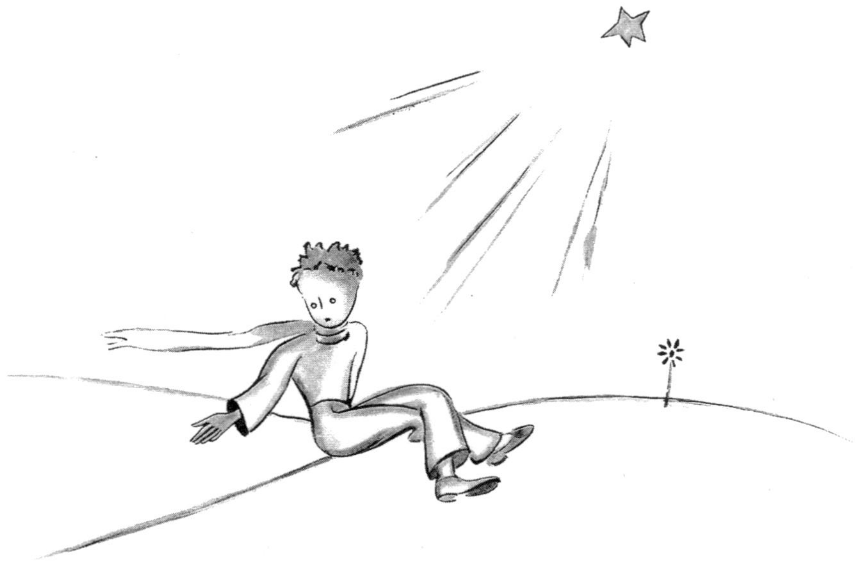

„Verstehst du? Es ist zu weit. Ich kann diesen Körper nicht mitnehmen. Er ist zu schwer."

Ich schwieg.

„Er wird daliegen wie eine alte, abgeworfene Hülle. Darum braucht man nicht traurig zu sein."

Ich schwieg. Er verlor ein bisschen den Mut. Aber noch gab er sich Mühe.

„Weißt du, es wird richtig nett werden. Auch ich werde zu den Sternen aufschauen. Alle Sterne werden für mich Brunnen in der Wüste sein und mir zu trinken geben."

Dann schwieg er auch, denn er weinte.

Als wir die Stelle erreichten, sagte er: „Hier ist es." Er setzte sich, weil er Angst hatte. Dann sagte er: „Lass mich den letzten Schritt ganz allein tun." Ich setzte mich auch, denn ich konnte mich nicht mehr auf den Beinen halten. Er zögerte noch ein bisschen, dann erhob er sich. Er tat einen Schritt. Die Schlange hatte im Sand auf ihn gewartet. Sie war kaum mehr als ein gelber Blitz an seinem Knöchel. Einen Moment lang stand er reglos da, dann fiel er ganz langsam um, wie ein Baum fällt. Wegen dem Sand hörte man es nicht einmal.

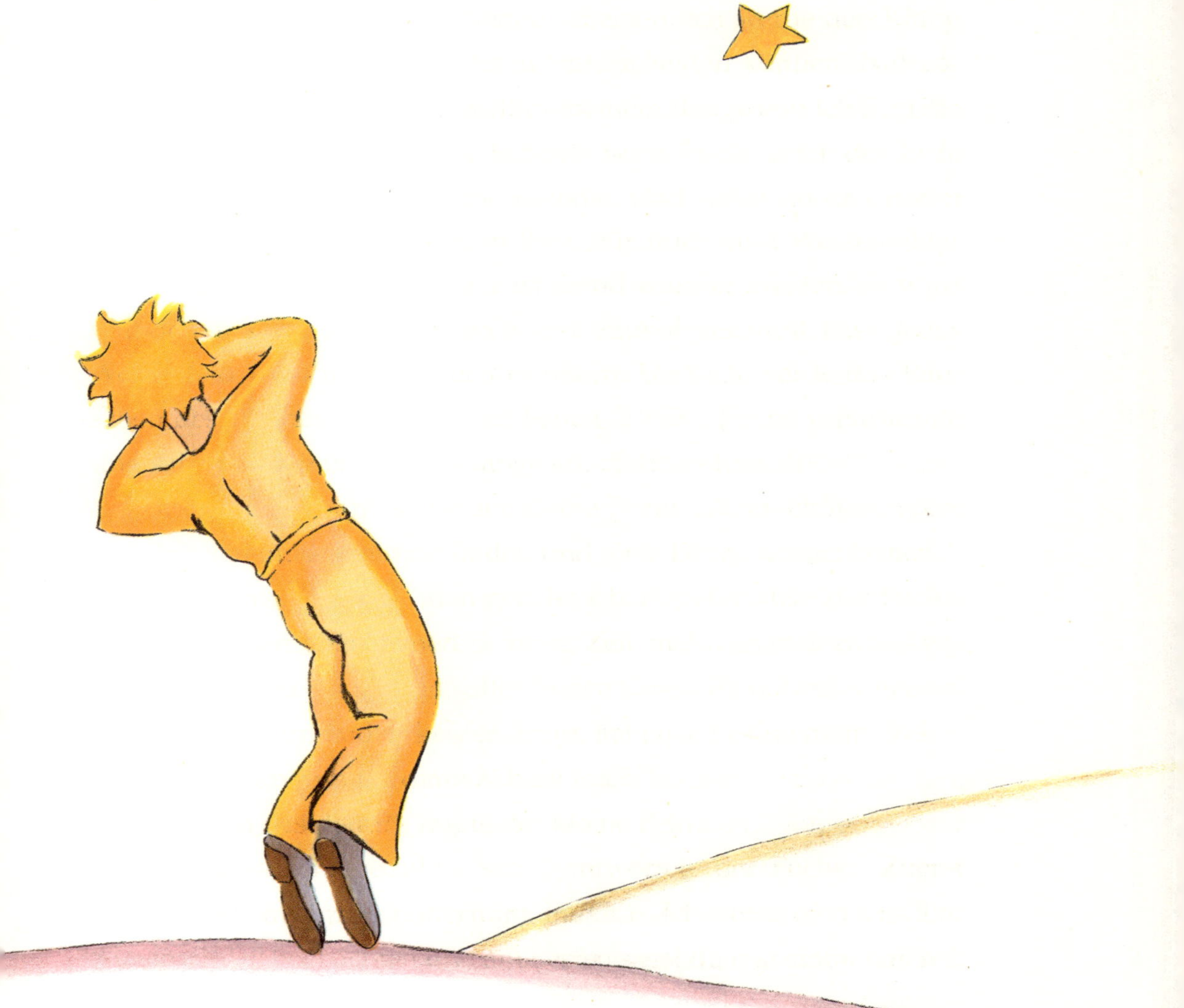

Warum die Sterne manchmal lachen und manchmal weinen

Das alles ist jetzt bestimmt schon sechs Jahre her. Ich habe diese Geschichte noch nie erzählt. Ich weiß, dass der kleine Prinz auf seinen Planeten zurückgekehrt ist, denn als es Tag wurde, habe ich seinen Körper nicht mehr gefunden. Das hat mich ein wenig getröstet. Es war wohl doch kein besonders schwerer Körper. Und ich liebe es, nachts den Sternen zuzuhören, die glockenhell lachen …

Und dann passiert etwas Seltsames. Der Maulkorb, den ich für den kleinen Prinzen gemalt habe – plötzlich fällt mir ein, dass ich ganz vergessen habe, einen Lederriemen dranzumachen! Er wird ihn niemals seinem Schaf anlegen können. Also frage ich mich: „Was ist wohl auf seinem Planeten geschehen? Hat das Schaf doch noch die Blume gefressen?"

Manchmal sage ich mir: „Bestimmt nicht! Der kleine Prinz stellt seine Blume doch nachts immer unter die Glashaube und er passt gut auf sein Schaf auf." Dann bin ich glücklich. Und alle Sterne lachen leise.

Ein anderes Mal sage ich mir: „Es reicht schon, wenn man ab und zu etwas zerstreut ist. Eines Abends hat er die Glashaube vergessen, oder das Schaf ist nachts lautlos entwischt …" Und dann weinen die Sterne!

Das ist ein wirkliches Geheimnis. Für euch, die ihr den kleinen Prinzen auch liebt, ebenso wie für mich, denn für uns macht es einen großen Unterschied, ob irgendwo ein Schaf, das wir nicht kennen, eine Rose gefressen hat oder nicht …

Schaut hinauf zum Himmel. Fragt euch: „Hat das Schaf nun die Blume gefressen, ja oder nein?“ Und ihr werdet sehen, wie sich alles verändert … Und kein Erwachsener wird jemals verstehen, wie wichtig das ist.

Das hier ist für mich die schönste und die traurigste Landschaft der Welt. Es ist dieselbe Landschaft wie auf der vorigen Seite, aber ich habe sie noch einmal gemalt, um euch etwas zu zeigen. Genau hier ist der kleine Prinz auf der Erde erschienen und dann wieder verschwunden. Seht euch diese Landschaft genau an, damit ihr sie auch bestimmt wiedererkennt, falls ihr eines Tages in Afrika unterwegs seid, in der Wüste.

Und wenn ihr zufällig dort vorbeikommt, dann bitte ich euch, lasst euch Zeit, bleibt ein bisschen stehen, genau unter dem Stern. Falls dann ein Kind auf euch zukommt, falls es lacht, falls es weizenblondes Haar hat und nicht auf eure Fragen antwortet, dann ahnt ihr wohl, wer das ist! Und dann seid so gut und lasst mich nicht länger so traurig sein: Schreibt mir schnell, dass er wieder da ist …

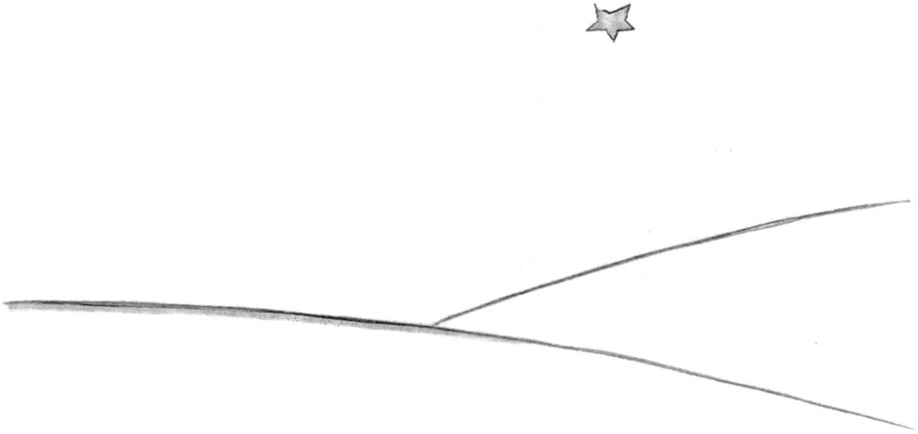

ISBN 978-3-8112-3363-8

Mit Illustrationen des Autors
Covergestaltung: Ramona Kretschmann
Printed in Poland

Der Umwelt zuliebe gedruckt auf chlorfrei gebleichtem Papier.

www.gondolino.de